T0287369

DERECHO AL
CANNABIS

DERECHO AL CANNABIS
La marihuana a debate en México

© 2019, Armando Ríos Piter

Diseño de portada: Cristóbal Henestrosa
Fotografía de Armando Ríos Piter: cortesía del autor

D. R. © 2019, Editorial Océano de México, S.A. de C.V.
Homero 1500 - 402, Col. Polanco
Miguel Hidalgo, 11560, Ciudad de México
info@oceano.com.mx

Primera edición: 2019

ISBN: 978-607-527-964-0

Impreso en México / Printed in Mexico

ÍNDICE

———

INTRODUCCIÓN

En las últimas dos décadas, el debate sobre la legalización de las drogas en muchos países ha estado sometido a intensos forcejeos. De manera particular, en México han sido dos circunstancias las que han incentivado la polémica: el incremento evidente en el consumo de drogas —principalmente de marihuana— entre la población adolescente, y las tasas cada vez mayores de muertes violentas relacionadas con la lucha contra el narcotráfico.

A lo largo de los años, la legalización de la marihuana en México ha generado extendidas discusiones. La complejidad del fenómeno merece que se expongan detalladamente los puntos a favor y en contra de la legalización de una tercera sustancia adictiva, además del alcohol y el tabaco. La mayoría de los argumentos parte de un enfoque en la salud, no obstante, poco han influido en la controversia.

Por un lado, entre los puntos a favor, se considera que la legalización de la marihuana permitiría la regulación del comercio y su distribución, garantizando la calidad y el precio, incluso con resultados en ingresos para el gobierno por los impuestos que podrían aplicarse a la prevención. Lo anterior generaría la posibilidad de investigar, con datos sólidos y científicamente comprobables, no sólo los mecanismos de acción

Otra preocupación es la generación de un turismo proveniente de áreas restringidas con el fin de consumir en México. Hay que tomar en cuenta que este fenómeno ha sido adecuadamente enfrentado en lugares como Holanda, que limita la adquisición de marihuana a extranjeros.

Objeciones a la legalización de la marihuana en México[2]

1. La regulación del comercio de cualquier sustancia adictiva facilitaría el acceso de los consumidores y por consiguiente se incrementaría el consumo.
2. La legalización de la marihuana transmitiría a la población un mensaje de menor riesgo ante el consumo (relación inversamente proporcional entre el riesgo percibido hacia la marihuana y su uso).
3. Pese a tener un bajo nivel de toxicidad relativo, produce en uso, abuso y dependencia un porcentaje relevante de población consumidora.
4. Limitaciones para la utilización de derivados de cannabis como opción terapéutica ante la existencia de otros fármacos como una opción segura.
5. Su uso constante produce efectos de magnitud variable en el sistema nervioso central, generando alteración de la memoria a corto plazo, atención, juicio, planeación, toma de decisiones, abstracción y resolución de problemas, así como alteraciones psicomotoras y cardiovasculares.
6. El consumo en mujeres gestantes produce consecuencias en el feto, entre las que destacan bajo peso y talla al nacer, además de alteraciones cognitivas

durante el crecimiento y desarrollo; principalmente en funciones ejecutivas, atención y control de impulsos y agresividad.

7. Generación de un turismo no deseable con el fin de consumir sustancias que en otros países son ilegales.
8. El consumo de cannabis ha sido asociado con un aumento significativo del riesgo de accidentes automovilísticos.

Sin embargo, el aspecto relevante, más allá de la decisión consensuada, es conducir la discusión con información de calidad, para enfrentar el problema de manera satisfactoria y sin prejuicios. Como resultado de la complejidad de esta cuestión, debe abordarse de forma multidisciplinaria, desde varios enfoques: económico, político, social, histórico, internacional, entre otros. El objetivo es exponer diversas aristas sobre las cuales se pueda hacer una reflexión útil y enriquecedora para la discusión.

De esta manera, este trabajo de investigación se compone de una serie de capítulos que pretenden brindar al lector una visión completa y multifactorial de la situación actual de la marihuana en México; la posibilidad de su legalización, basada en una serie de experiencias internacionales, y los intentos por parte de miembros de la sociedad civil por acceder a esta sustancia por la vía legal.

En principio, se presenta la situación actual del cannabis en el país desde las distintas disciplinas, pasando por el aspecto histórico, social, económico, político y comercial. Adicionalmente, se presenta una descripción detallada de las características y los usos de la hierba —industrial, medicinal y recreativo— a lo largo de la historia.

Enseguida, se introduce el marco regulatorio interna-

1
Situación actual del cannabis en México

———

El cannabis es la droga ilegal más consumida en el mundo y se conoce popularmente con el nombre de marihuana.

Empleada durante siglos como elemento medicinal, en la actualidad es principalmente utilizada como una droga recreativa o como método auxiliar en el tratamiento contra los efectos de distintas enfermedades. Sin embargo, a principios del siglo XX se clasificó como droga y se prohibió en muchos países debido a sus efectos psicotrópicos.

El cannabis es una sustancia con propiedades psicoactivas y forma parte del grupo de los psicodislépticos, un tipo de sustancia que produce alteraciones en la actividad psíquica y en la percepción. Como consecuencia, el consumo de cannabis tiende a producir un aumento de la activación y sensación de euforia en un primer momento, para dejar al consumidor en un estado de relajación, lo cual explica su consumo con el fin de disminuir sensaciones de ansiedad y estrés.

El cannabis se utiliza en Asia desde hace milenios. Por ejemplo, en China hay evidencia de usos medicinales en textos escritos en el año 2000 a. C., así como la existencia de numerosas prendas y utensilios fabricados con fibras de cáñamo de épocas remotas. Posteriormente, su cultivo y propiedades se propagaron alrededor del mundo en el siglo XIX y se convirtió en una materia prima muy importante debido a sus fibras, las cuales tenían usos textiles y para fabricación de papel. Se convirtió, incluso, en competencia directa del algodón y de la celulosa forestal.[1]

Tabla 1. Usos del cannabis

USO	CARACTERÍSTICAS
Industrial y comercial	• La fibra de cáñamo se utiliza tanto para la confección de ropa y cestería, como para la fabricación de papel. • Asimismo, el cáñamo se emplea como material de construcción, aislante térmico y acústico, así como biomasa para la fabricación de biocombustibles.
Medicinal	Existen cientos de estudios que hablan de las virtudes medicinales de esta planta, debido a las propiedades que le otorgan los más de 400 cannabinoides, incluido el famoso THC. Entre sus usos más destacados en la medicina: * Alivio del dolor. * Reducción de náuseas y vómito. * Reducción de la ansiedad. * Regulación del sueño. * Aumento del apetito. * Reducción de la inflamación. * Aumento del tono muscular y ayuda en la función motora. * Tratamiento de espasmos y convulsiones.

| Recreativo | • Cuando se utiliza como droga con fines recreativos a este producto se le llama comúnmente marihuana. |
| | • El cannabis o marihuana contiene THC, el cual tiene la particularidad de crear un estado de euforia temporal, así como alucinaciones auditivas y visuales. |

Breve historia del cáñamo

El cáñamo es una planta originaria de Asia Central, desde donde se difundió en todas las direcciones. Los vestigios más antiguos del uso del cáñamo datan aproximadamente del año 8 mil a. C.

Durante el reinado de Enrique VIII en Inglaterra (1509-1547) se promulgó una ley que señalaba que todo propietario de tierras debía dedicar una parte al cultivo de cáñamo o lino con el fin de contar con la fibra suficiente para fabricar los aparejos navieros. En la Inglaterra de esa época, al igual que en el resto de Europa, el cáñamo permeaba todos los aspectos de la vida cotidiana. Incluso se podría decir que en el siglo XIX, el cáñamo fue tan importante como lo es el petróleo en la actualidad.[2]

Además, el cáñamo estuvo presente en los viajes de exploración y llegó a América en el siglo XVI, donde se introdujo como fuente de fibra en Chile en 1545 y en Perú nueve años después. Los colonizadores ingleses también comprendieron su importancia, ya que se introdujo en Canadá en 1606 y en Virginia, Estados Unidos, en 1611. El cáñamo desempeñó un papel significativo en el nacimiento de Estados Unidos como nación. Más aún, los borradores de la Declaración de Independencia fueron escritos en papel proveniente del cáñamo.[3]

19

El cáñamo continuó siendo una fuente de fibra para el papel y los textiles en América durante la mayor parte del siglo XIX. Sin embargo, a finales del siglo la producción disminuyó dramáticamente en Estados Unidos. En consecuencia, durante las discusiones relacionadas con la Ley de Impuestos sobre la Marihuana de 1937 (Marihuana Tax Act of 1937),[4] algunos de los principales opositores fueron los productores de cuerda, semilla y aceite de cáñamo, debido a que estaban preocupados por el impacto que la ley tendría sobre sus intereses económicos.

Desafortunadamente, la ley se aprobó con un impuesto sobre el comercio de cáñamo, encareciendo a la industria y convirtiendo su cosecha en una pérdida de tiempo en términos burocráticos. Adicionalmente, la ley terminó eliminando todas las ventas legales de cáñamo en Estados Unidos.

Es claro que la Ley de Impuestos sobre la Marihuana de 1937, junto con otras acciones legislativas en Estados Unidos, ha influido fuertemente los valores económicos, sociales y ambientales alrededor del mundo, resultando en una importante caída en la cosecha mundial de cáñamo.

No obstante, sería relevante mencionar que a pesar de la actitud de Estados Unidos en torno al cáñamo —la cual ha afectado sobre todo a los países latinoamericanos, ya que la producción industrial de la planta se ha visto prácticamente eliminada desde finales de la década de 1930—, continúa siendo una fuente importante de materiales industriales en otras partes del mundo. Por ejemplo, en China, donde el crecimiento acelerado de la población requiere el máximo aprovechamiento de los recursos renovables, el cáñamo continúa siendo una gran fuente de recursos para la producción de papel y paño.[5]

Trump, el cáñamo y el **Farm Bill** *en Estados Unidos*

En diciembre de 2018, el presidente estadunidense Donald Trump firmó en el Congreso una ley relacionada con el Presupuesto de Agricultura, la cual legaliza el cáñamo[6] a nivel federal.

La nueva ley permitirá la compra de un seguro para el cultivo de cáñamo, eliminando algunos de los riesgos para los agricultores que desean expandirse hacia nuevos mercados, así como para las exportaciones y ventas de la planta.

Adicionalmente, el presupuesto de agricultura reclasifica al cáñamo como un producto agrícola, logrando distanciarlo de manera legal de la marihuana, cuya siembra continúa siendo ilegal en la mayoría de los estados.[7] Es importante mencionar que los estados con la mayor cantidad de hectáreas sembradas de cáñamo industrial son Montana y Colorado (véase gráficas 1 y 2).

Gráfica 1. Cáñamo industrial plantado en Estados Unidos, 2015-2018 (hectáreas)

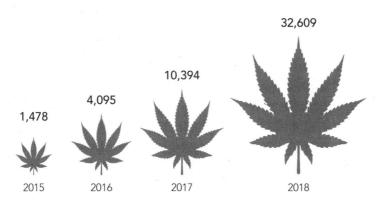

1,478   4,095   10,394   32,609

2015   2016   2017   2018

Nótese que la producción se duplicó en 2016 y 2017 respecto de los años anteriores, pero que en 2018 se triplicó. Ese año culminó con la firma de la legalización industrial de la planta, lo cual augura un crecimiento aún mayor para 2019.

Gráfica 2. Estados con la mayor cantidad de cáñamo plantado en 2018 (hectáreas)

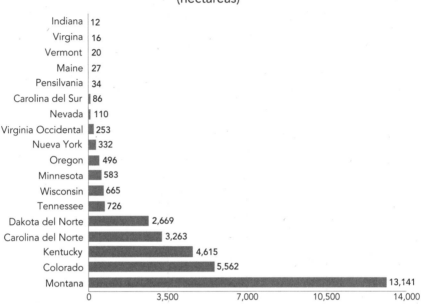

La historia de la marihuana en México

La historia de la marihuana en México es particular. La planta llamada cannabis ha sufrido altas y bajas, y ha estado presente en acontecimientos importantes del país. Su prohibición y estigmatización resultan de las más antiguas del mundo. Derivado de esto sería importante realizar un breve recuento histórico con el objeto de entender la multiplicidad de prejuicios que rodean a esta hierba tan controversial.

Por un lado, se ha demostrado que llegó a la Nueva España en tiempos virreinales.[8] Después, en el siglo XVIII, el naturalista Antonio Alzate relacionó los usos de la semilla de cáñamo con la "superstición de los indios, su ignorancia y su malicia". Algunos años más tarde, se comenzó a difundir la palabra *marihuana*. A pesar de que no hay certeza de su etimología, se trata de una aportación de la cultura popular mexicana al lenguaje global de las drogas. Posteriormente, en el siglo XIX se vendían, sin mayor control, los extractos del cannabis con fines medicinales en las farmacias, al igual que el láudano, el cloruro de cocaína y la morfina, entre otros narcóticos preparados. A partir de este momento, se recetó para tratar reumas, dolores menstruales, cefalalgia, asma, trastornos estomacales y hemorroides, e incluso para afecciones más graves, como la blenorragia —hoy mejor conocida como gonorrea—, la galactorrea, las "alucinaciones de los enajenados" y la neurosis.

No obstante, al mismo tiempo los médicos comenzaron a discutir los riesgos que podía implicar el consumo de ciertas drogas, es decir, la posibilidad que tenían de generar un vicio o adicción. Adicionalmente, a principios del siglo XX, al ser vinculada con las prácticas indígenas y de los soldados, presos y otras clases populares, la marihuana se vio enfrentada a diversos prejuicios y estigmatizaciones. En consecuencia, comenzaron a presentarse las detenciones de hierberos y neófitos contrabandistas.

Con todo, la Revolución mexicana tampoco estuvo exenta del consumo de enervantes, todo lo contrario. Derivado de esto, comenzaron a aplicarse medidas de criminalización.[9]

Fue hasta 1937, con la promulgación de la Marihuana Tax Act en Estados Unidos, cuando se consolidó la prohibición a escala global del cannabis. La regulación la impulsó Harry J. Anslinger, el famoso zar antidrogas estadunidense, quien relacionó la planta con los migrantes mexicanos, la pérdida de control, la adicción y la comisión de crímenes violentos.

Para 1947 se tomó la decisión de pasar el control de sustancias a manos de la Procuraduría General de la República (PGR) y se elevaron las penas para los delitos contra la salud. Con esto se consolidó el enfoque de seguridad para combatir los enervantes, es decir, se criminalizó a vendedores, compradores y consumidores. En 1950, México comenzó a sobresalir por su producción de cannabis, amapola y otras sustancias psicoactivas que se fueron difundiendo a otras partes del mundo.

En consecuencia, durante las siguientes décadas, las campañas militares contra las drogas fueron en aumento. A finales de los sesenta se llevó a cabo la Operación Pulpo, en el occidente del país; y en los setenta la Operación Cóndor, en Sinaloa. En estas maniobras militares, además de que se incineraron cientos de hectáreas de marihuana y amapola, se agravó la violencia, se atentó contra los derechos humanos de los habitantes de estas zonas y también se justificó el ataque a movimientos contestatarios.

Finalmente, la lucha contra las drogas se intensificó en los dos primeros sexenios del siglo XXI, con un saldo de numerosas consecuencias para la sociedad mexicana. Sin embargo, después de casi cien años de fuerte prohibición, pareciera que se avecina un cambio. Los debates actuales, los cuestionamientos a las estratcgias fallidas para el control de sustancias ilícitas y el fallo de la Suprema Corte de Justicia de la Nación de noviembre de 2015 —en el cual se otorgó autorización a cuatro ciudadanos para realizar actividades relacionadas con el autoconsumo de cannabis— han puesto en duda el modelo prohibicionista y han abierto las puertas a políticas más prudentes en relación con la marihuana.

Uso industrial del cannabis

Además de los obvios, el cultivo de cannabis conlleva una gran cantidad de ventajas y beneficios para un gran número de industrias. De hecho, los expertos consideran que de la planta se originan alrededor de 2,500 productos derivados o procesados. La industria textil es uno de los ejemplos más importantes de los beneficios que reportan los usos alternativos del cannabis.[10]

Por un lado, el rendimiento por hectárea trabajada representa una de las grandes ventajas del cannabis para uso textil. Una hectárea produce alrededor del doble de tejido que una de algodón. En consecuencia, se considera una fibra de cultivo económico y asequible.

Por otro lado, la fibra de textil de cáñamo puede combinarse perfectamente con otras fibras naturales o de tipo sintético —por ejemplo, el nailon— con el objeto de brindar gran flexibilidad y resistencia a las prendas. De este modo, el cultivo de cannabis con una finalidad textil permite contar con una fibra que mejora las condiciones de durabilidad de las prendas.[11]

Asimismo, dentro de la propia industria textil, el cultivo de cannabis ofrece una gran variedad de aplicaciones. En principio, la fibra puede utilizarse para la fabricación de lonas, sacos, suelas, cordajes, calzado e incluso redes de pesca. La resistencia, dureza y consistencia de estas fibras, combinadas con su flexibilidad, permiten que pueda usarse en tejidos de usos intensos y complejos.

De esta manera, las fibras del cáñamo, según su calidad, se emplean para diversos usos o aplicaciones. Por un lado, las más finas se destinan a la producción textil y a componentes de mayor calidad. Por otro, los bastos sirven para las mismas aplicaciones, pero para componentes de calidad inferior. Es importante mencionar que en la actualidad 75% del cultivo de cannabis para uso industrial o textil a nivel mundial proviene de Asia.[12]

Tabla 2. Uso industrial del cáñamo

USO	PRODUCTO
Textil	• Ropa en general • Cinturones de seguridad • Velas • Maromas • Paracaídas • Zapatos • Hilos • Redes de pesca • Pañales • Alfombras • Cuerdas, cordeles y estopas
Papelería especial	• Filtros especiales • Filtros domésticos • Papel de tabaco • Billetes de campo • Embalajes especiales • Papel para escritura e imprenta
Material aislante y protector acústico (uso muy interesante debido a su baja conductividad térmica)	• Trajes y mantas ignífugas • Cartón aislante • Aislantes industriales • Forros de frenos y embragues • Fibra para el fortalecimiento del plástico • Aglomerados y piezas prensadas • Material del embalaje

Industria del automóvil	• Revestimiento para el automóvil • Piezas para aviones • Calafateado de embarcaciones • Puertas • Ventanas
Producción de energía	• El fruto tiene usos térmicos debido a su gran producción de biomasa
Partes verdes	• La parte verde del cáñamo se utiliza, por el fuerte olor que despide, para ahuyentar las polillas y gorgojos de los graneros
Alimentación animal	• Las semillas enteras se utilizan como alimento para los pájaros
Aceite	• De las semillas separadas, pero no decorticadas del cáñamo, se obtiene un fluido oleoso secante usado como aceite combustible, para producir jabones blandos y barnices, entre otros • El rendimiento en aceite, por compresión, es de 25%, y con disolventes de 30-32% • El aceite extraído mediante prensado se utiliza para cosmética y como aceite para la higiene personal (fabricación de jabones). La composición en ácidos grasos hace que estos productos sean idóneos para la limpieza y el cuidado de la piel y el pelo • El aceite de cáñamo es uno de los pocos alimentos que contiene el ácido g-linolénico

Cañamiza (de los subproductos del proceso de obtención de fibra de cáñamo, se obtienen residuos utilizables)	• En la construcción, queda reducido su uso a la llamada construcción ecológica • Una de las características del cáñamo en construcción es su capacidad para regular la humedad y su capacidad de almacenamiento térmico (aislante) • En la fabricación de tableros o placas prensadas (ecotableros) • Preparación de pajuelas y para la obtención de carbón para fabricar pólvora • Camas para animales domésticos y caballos • Macetas • Esteras para jardinería • Placas para esteras • Esteras para calles

La marihuana con fines recreativos

Algunas décadas atrás, en las sociedades occidentales, consumir cannabis llegó a ser una característica fundamental en la definición de la identidad de algunos grupos, como los hippies. En México, la marihuana la han utilizado personas adscritas a ciertos agrupamientos juveniles, a veces como un símbolo de resistencia a los poderes establecidos. No obstante, actualmente el empleo de esta sustancia se ha normalizado en algunos sectores.

A pesar de esto, la sociedad continúa asociando el empleo de esta droga con la marginalidad e incluso con la delincuencia organizada, lo cual se explica por las condiciones sociales y económicas de inestabilidad y desigualdad que afectan a un alto porcentaje de la población joven en el país. Estas condiciones impiden mirar el consumo de marihuana de la misma manera que en los países desarrollados.

La estigmatización ha causado la desacreditación y el rechazo de los usuarios, como resultado de los estereotipos y prejuicios, que en una última instancia llevan a la discriminación. Este estereotipo, que asocia el consumo de marihuana con la marginalidad, la violencia y el delito, se agudiza cuando se relaciona con ciertos grupos sociales: hombres jóvenes en condiciones socioeconómicas desfavorables.

La marihuana es la droga ilegal con mayor prevalencia de consumo en nuestro país,[13] específicamente entre algunos sectores juveniles, por lo cual es posible pensar en una gran variedad de tipos de usuarios.[14]

En países como Estados Unidos, España y Gran Bretaña, el uso del cannabis se ha ido normalizando y se ha vuelto aceptable, lo que no sólo responde a un aumento de la oferta, de la disponibilidad o del consumo, sino a un cambio en las legislaciones que regulan esas conductas, las cuales ya no se ven como inmorales o desviadas. Su empleo no se percibe necesariamente como de alto riesgo ni tiene connotaciones negativas o estigmatizadoras y se parece cada vez más al consumo de tabaco y alcohol.

Es verdad que a los usuarios de drogas ilegales —específicamente de marihuana— se les ha etiquetado en el imaginario colectivo como individuos que suponen un riesgo social, inmersos en contextos de marginación y pobreza. De este modo, uno de los elementos que contribuye a la estigmatización del usuario de cannabis o alguno de sus derivados, es que la sustancia se ve como la puerta de entrada para el consumo de otras drogas.

Finalmente, la reducción de la estigmatización de los usuarios de drogas ilegales resulta necesaria para la elaboración de políticas de inclusión basadas en el respeto a los derechos humanos.

Cultivo, producción, consumo y erradicación de la marihuana en México

El cultivo y la producción

El cannabis es una planta de fácil cultivo, rápido crecimiento y pocos requerimientos para su cuidado, por lo que se puede cultivar tanto en el exterior como en el interior.

Los cannabinoides se extraen de la planta del cannabis, la cual cuenta con distintas variedades. Los derivados de esta planta reciben su nombre de acuerdo con la parte del vegetal del que provengan, o por la manera en la que se obtiene el producto consumible.

De esta manera, se puede hablar de marihuana cuando la sustancia consumida se obtiene de las hojas y del tallo. No obstante, independientemente de su origen, existen otros factores que definen el tipo de marihuana, como la cantidad de luz que necesita la planta, el tipo de florecimiento que tiene —puede tratarse de una planta regular, feminizada o autofloreciente— y la época del año en que se obtiene.

Tabla 3. Variedades de cannabis

TIPO	CARACTERÍSTICAS
Cannabis sativa	• Originaria de países con clima tropical, en Sudamérica o Asia. • Es una de las variedades más conocidas y consumidas. • Sus efectos psicoactivos tienden a ser activadores y psicoactivos debido a su elevada cantidad de tetrahidrocannabinol o THC. • Estimula el apetito y la actividad física y social, provocando sensaciones de euforia.
Cannabis indica	• De origen asiático, en países como India y Pakistán. • Frecuentemente utilizada para el tratamiento del dolor. • Suele tener un efecto ligeramente narcótico vinculado a la relajación física y analgésico, debido a su elevado contenido en cannabidiol o CBD y bajo en THC.
Cannabis ruderalis	• Proveniente de países como Rusia. • Presenta gran resistencia y una capacidad de florecer sin altos niveles de luminosidad. • Bajo contenido en THC y alto en CBD, por lo que sus efectos son más relajantes que activadores.
Híbridos	Con base en las tres anteriores —las cuales se obtienen de manera natural— se pueden crear distintas variedades con el fin de obtener diferentes efectos, o bien aumentar la resistencia o proliferación a través de la selección artificial en viveros y plantaciones.

Mapa 1. Zonas productoras de cannabis en México

En México, los estados identificados como productores de marihuana son Chihùahua, Durango, Guerrero, Jalisco, Michoacán, Nayarit, Oaxaca, Sonora y Sinaloa. Adicionalmente, son 66 municipios los que representan 87% de la erradicación de plantíos de marihuana (véase mapa 1). Se estima que la mano de obra empleada directamente en el cultivo y seca de marihuana es de 17,200 personas —de las cuales la mayoría son jefes de hogar—, es decir, alrededor de 75 mil mexicanos son dependientes del cultivo de esta planta.

Tabla 4. Estimación del uso de mano de obra para la producción anual de marihuana de grado comercial en México

Jornales por hectárea[15]	159
Hectáreas erradicadas por año	19,960
Área cosechable neta (hectáreas)	7,160
Jornales por hombre al año	250
Personal requeridas anualmente	17,209

El consumo

La marihuana es la droga ilegal más consumida en México. Más de siete millones de mexicanos, es decir, 8.6% de los adultos de entre 18 y 65 años, aseguran que la han probado al menos una vez.[16]

La Encuesta Nacional de Consumo de Drogas, Alcohol y Tabaco (Encodat)[17] para el periodo 2016-2017 resalta el predominio de la marihuana. Se encuentra muy por encima de la cocaína, la cual ha sido probada al menos una vez por 3.3% de la población adulta; los inhalables, 1.1%; los alucinógenos, 0.7%, y anfetaminas, 0.9 por ciento (véase gráfica 3).

Gráfica 3. Tendencias del consumo de drogas alguna vez en la vida

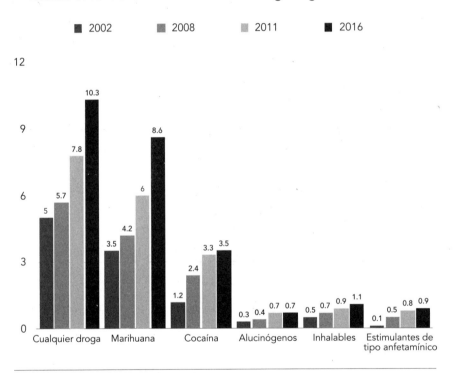

Esta gráfica registra el porcentaje de encuestados, de una población de 12 a 65 años de edad, que dijo haber probado *en alguna ocasión* una droga ilegal. Nótese que, aunque hay una tendencia general en aumento del consumo de todo tipo de sustancias en los 15 años que registra la encuesta, el aumento en el consumo de marihuana es mucho más agudo.

La marihuana es la única droga que ha experimentado un crecimiento importante en los últimos años, mientras que el resto permaneció estable. Asimismo, el consumo de marihuana también se ha duplicado entre los menores de edad, ya que 5.3% de los jóvenes de entre 12 y 17 años la han probado, mientras que en 2011 tan sólo 2.4% la había probado. Más aún, fuentes oficiales revelan que el número de adolescentes que han probado cualquier droga por primera vez se ha multiplicado por cuatro desde 2002 (véase gráficas 4 y 5).

Gráfica 4. Consumo de marihuana en el último año

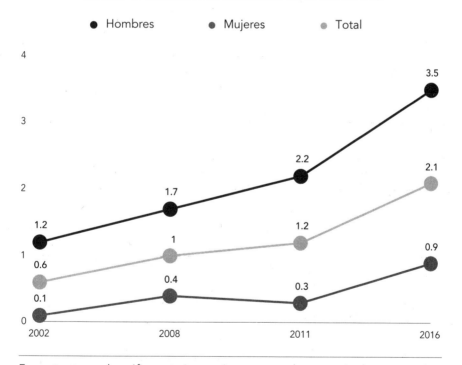

En contraste con la gráfica anterior, aquí se muestra el porcentaje de encuestados, de una población de 12 a 65 años de edad, que dijo haber probado *en el último año* la marihuana. El aumento es notorio en los últimos cinco años.

Gráfica 5. Prevalencia del consumo de drogas entre jóvenes de 12 a 17 años

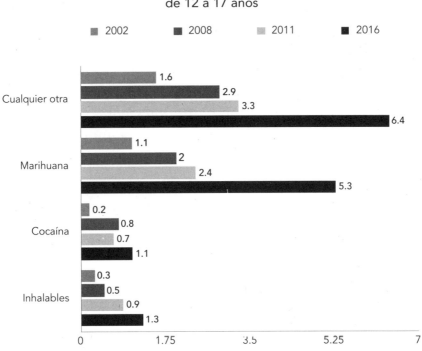

Como se observa en la gráfica 5, este incremento ha estado liderado por la marihuana, cuyo consumo entre los jóvenes supera cinco veces al de la cocaína y de los inhalables. Un dato importante para resaltar es la edad promedio de inicio del consumo, la cual es de 17.8 años. Del mismo modo, ha habido una reducción en la edad de inicio, ya que se ha visto su consumo entre menores de 10 y 11 años.[18]

¿Los usuarios de cannabis adolescentes son particularmente vulnerables? Los usuarios que fueron diagnosticados con dependencia al cannabis antes de los 18 años tuvieron tendencia a convertirse en usuarios más persistentes. Adicionalmente, éstos mostraron mayor disminución en su IQ (coeficiente intelectual, por sus siglas en inglés) que los usuarios adultos. De hecho, los consumidores adultos de cannabis no experimentaron una disminución de su IQ como consecuencia del uso constante de la sustancia.

Adicionalmente, sería necesario resaltar que de acuerdo con datos oficiales, el consumo de drogas es mucho mayor entre hombres que entre mujeres, ya que casi 16% de los varones ha probado alguna sustancia ilegal al menos una vez. Por el contrario, en el caso de las mujeres sólo 4.3% lo ha hecho. No obstante, casi 400 mil mujeres probaron la marihuana por primera vez durante el último año, tres veces más de las que lo hicieron en 2011 (véase gráficas 6 y 7).

Gráfica 6. Consumo de drogas ilegales por sexo en México

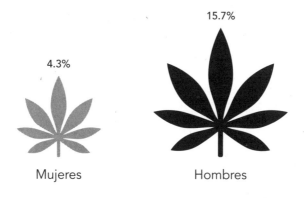

37

Gráfica 7. Tendencias del consumo de cualquier droga ilegal

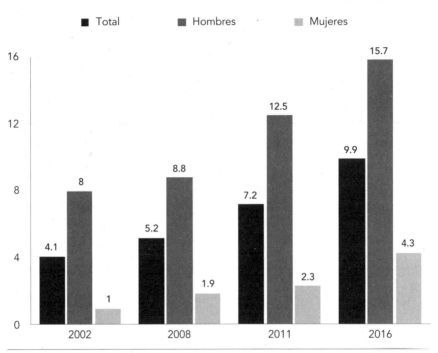

Nuevamente mostramos el porcentaje de encuestados, de una población de 12 a 65 años de edad, que dijo haber probado *en alguna ocasión* una droga ilegal. Los varones siguen siendo, por mucho, los principales consumidores.

Finalmente, la Encodat encontró que cuanto más al norte del país se encuentre la entidad de estudio, mayor es el consumo de drogas. El consumo de sustancias ilegales en el norte de México, alrededor de 2.3%, es el doble que en el sur: 1.1 por ciento.

La región noroccidental —donde prevalece el Cártel de Sinaloa— y la región nororiental —territorio de Los Zetas— son líderes en el consumo de marihuana y cocaína, con cerca de 2% de la población que ha probado la primera y 1% que ha utilizado la segunda en el último año. Por su parte, la región sur es la que menos consume marihuana, con 0.5% en el último año. Por último, la Ciudad de México es la demarcación geográfica que registra el menor consumo de cocaína en términos relativos con respecto a otros estados, con 0.1% en el último año.[19]

La demanda por tratamiento por consumo de marihuana se ha mantenido constante. Más aún, esta sustancia ocupa el segundo lugar, después del alcohol, como droga de impacto por la que se solicita tratamiento con 30.9 por ciento (véase gráfica 8).[20]

Gráfica 8. Demanda de tratamiento por consumo de marihuana

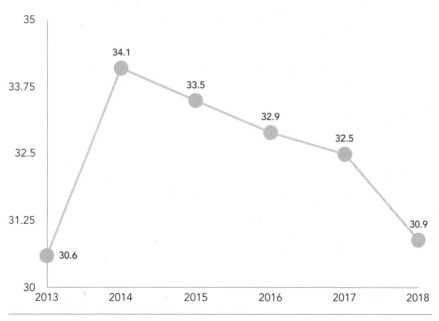

Es importante notar que, aunque la demanda de tratamiento ha disminuido en los últimos cuatro años, todavía se mantiene a los mismos niveles de 2013.

De esta manera, durante 2017 se presentaron 1,595 egresos hospitalarios de los cuales la causa principal de atención fueron los trastornos mentales y del comportamiento debido a cannabinoides. Es decir, 654 por síndrome de dependencia, 418 estados de abstinencia, 150 derivados de intoxicación aguda y 135 de trastorno psicótico (véase gráfica 9).

Gráfica 9. Egresos hospitalarios debido a cannabinoides (2017)

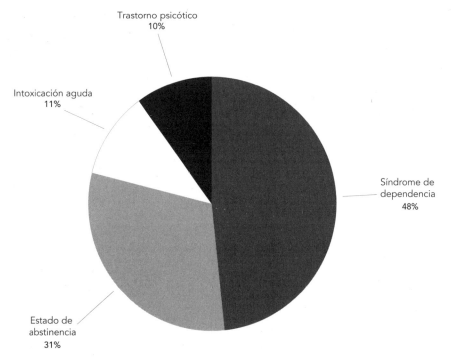

De acuerdo con la Secretaría de Salud, el consumo de marihuana a largo plazo puede causar adicción. Se calcula que una de cada 11 personas desarrolla dependencia. Incluso, este número aumenta a casi una de cada seis, si se analiza sólo a los consumidores jóvenes, de entre 15 y 24 años.[21]

Al momento de considerar la regulación, deben tomarse en cuenta algunos riesgos, tales como el libre acceso a niños, adolescentes y mascotas. Asimismo, deben analizarse los diversos estándares relacionados con la planta, ya que la concentración de THC ha aumentado de manera constante.

Finalmente, es por ello que, de acuerdo con esta institución, al momento de considerar la legalización de la marihuana se pueden presentar los siguientes retos:

1. Poner en el centro el interés de la niñez.
2. Fortalecer los programas de prevención y tratamiento.
3. Identificar y manejar el consumo problemático.
4. Advertir sobre el consumo de marihuana y la conducción de vehículos.
5. Fortalecer campañas publicitarias.
6. Identificar casos de consumo de cannabinoides sintéticos (NSP).
7. Fortalecer la investigación, tanto de los aspectos benéficos de la planta como de aquellos que pudieran ser nocivos.
8. Brindar información apegada a la evidencia científica.
9. Capacitar a profesionales de la salud en la materia.

La erradicación

Entre 2007 y 2015, la Secretaría de la Defensa erradicó cultivos ilegales en 263,503 hectáreas (un promedio de 29.27 al año), de las cuales 114,360 eran de marihuana.[22] En 2007, del total de la superficie erradicada, 67% era marihuana. Sin embargo, en 2015, esta proporción disminuyó a 18 por ciento.

Gráfica 10. Superficie erradicada de marihuana en México

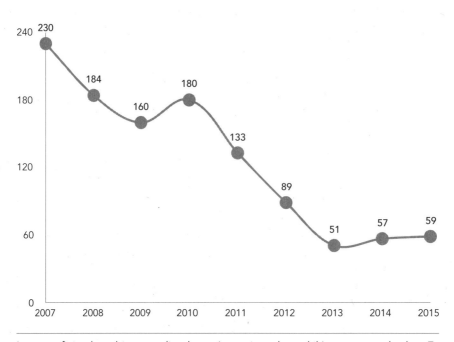

La superficie de cultivo erradicada está consignada en kilómetros cuadrados. Es notable la tendencia a la baja desde 2010, aunque en 2013 comenzó a repuntar.

Guerrero es la entidad del país que ha experimentado con más intensidad la erradicación de cultivos de drogas ilícitas en México, con un total de 734 kilómetros cuadrados —es decir, 27.9% de la superficie total en la que se han eliminado plantaciones de amapola y marihuana. Le siguen los estados que conforman la región del llamado "Triángulo Dorado" —Chihuahua, Durango y Sinaloa—, con alrededor de 20% de la superficie erradicada cada uno. El resto de las entidades registra un porcentaje por debajo de 4% de la superficie total.

Tabla 5. Superficie erradicada de cultivos ilícitos de marihuana por estado (2007-2015)

ENTIDAD	HECTÁREAS TOTALES	PORCENTAJE SOBRE EL TOTAL
Sinaloa	41,178	36%
Chihuahua	22,333	19.5%
Durango	18,720	16.4%
Michoacán	9,232	8.1%
Oaxaca	5,735	5%
Jalisco	4,889	4.3%
Sonora	4,160	3.6%
Nayarit	3,315	2.9%
Guerrero	2,934	2.6%

Zacatecas	1,077	0.9%
Baja California	510	0.4%
Chiapas	89	0.1%
México	53	0.05%
Colima	42	0.04%
Puebla	23	0.02%
Veracruz	20	0.02%
Quintana Roo	17	0.01%
Nuevo León	8	0.01%
Campeche	6	0.01%
Guanajuato	5	0.005%
Coahuila	4	0.004%
Baja California Sur	3	0.003%
Morelos	2	0.001%
San Luis Potosí	1	0.001%
Aguascalientes	1	0.001%
Yucatán	1	0.001%
Hidalgo	1	0.001%
Tabasco	1	0.001%
Tamaulipas	0	0.0003%

Querétaro	0	0.0001%
Ciudad de México	0	0.0%
Tlaxcala	0	0.0%
Total	114,360	100%

La erradicación de los cultivos ilícitos de marihuana está relativamente más distribuida que la de la adormidera. En este caso, el estado de Guerrero —el cual acumula casi la mitad de la erradicación de amapola— representa sólo 2.6% de los plantíos de marihuana erradicada. Por el contrario, Sinaloa es la entidad con la mayor cantidad de hectáreas de marihuana erradicadas durante este periodo, con 36 por ciento.

Adicionalmente, en el caso del cultivo ilícito de marihuana, los otros dos estados que conforman la región del Triángulo Dorado, Chihuahua y Durango, con 19.5 y 16.4% respectivamente, completan el trío de entidades con la mayor superficie de cultivos ilícitos de marihuana erradicados.

Más aún, el municipio donde se erradicó la mayor superficie de sembradíos de marihuana entre 2007 y 2015 fue Badiraguato, Sinaloa (18,684 hectáreas). Esta demarcación geográfica es el epicentro de los cultivos ilícitos de cannabis y, por ende, de los esfuerzos de erradicación.

La gráfica 11 evidencia que tan sólo cinco municipios —Badiraguato, Sinaloa; Guadalupe Calvo, Chihuahua; Choix, Sinaloa; Culiacán, Sinaloa y Tamazula, Durango— concentran 41.78% de los cultivos ilícitos de marihuana erradicados en todo el país. Además, sería importante resaltar que tres de estos municipios pertenecen al estado de Sinaloa, y que el total se localiza en el Triángulo Dorado.

Gráfica 11. Cultivos ilícitos de marihuana erradicados a nivel municipal, 2007-2015

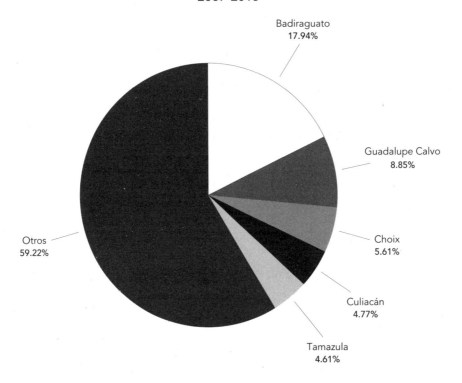

La economía de la marihuana en México

De acuerdo con las estimaciones generales realizadas por la Oficina de las Naciones Unidas contra la Droga y el Delito (UNODC, por sus siglas en inglés), el valor total de las ventas al por menor de drogas ilícitas a nivel mundial fue de 320 mil millones de dólares en 2003, es decir, 0.9% del PIB mundial.[23] Por otra parte, se estimó que los mercados de venta minorista de drogas en América valen alrededor de 151 mil millones de dólares, lo cual equivale a 47% del total mundial (gráfica 12).

Gráfica 12. Valor total de las ventas al por menor de drogas ilícitas (miles de millones de dólares)

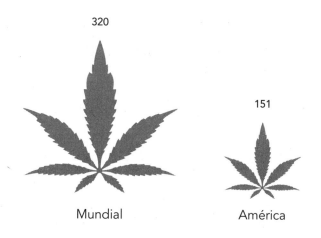

320

151

Mundial   América

De esta manera, los mercados más grandes de venta minorista en dólares fueron, en primer lugar, Norteamérica, con aproxi- madamente 44% del total mundial, Europa con 33% y Sudamérica, Centroamérica y el Caribe con una suma de apenas 3% del total mundial (gráfica 13).

Gráfica 13. Mercados de venta minorista de drogas

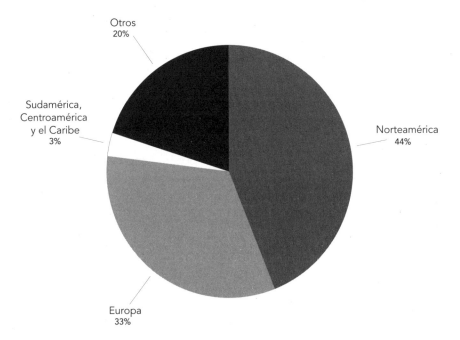

Ahora bien, en el caso específico del mercado minorista de cannabis, las estimaciones más recientes de la UNODC indican que a nivel mundial tiene un valor de 141 mil millones de dólares, resaltando que el mercado estadunidense equivale a un poco menos de la mitad, con 64 mil millones de dólares.[24]

El mercado de cannabis en México

La industria del tráfico de drogas en México es un negocio altamente rentable y diversificado. De este modo, se concentra en la producción y distribución de tres productos principales: marihuana, cocaína y heroína. Así se convierte en el principal exportador de drogas ilegales a Estados Unidos. Aproximadamente 70% de las drogas que se consumen en ese país provienen de México, lo cual equivale a 70% del total de la cocaína consumida; entre 20 y 30% de la heroína, y hasta 80% de la marihuana importada por los estadunidenses.[25]

De estos tres productos, la marihuana no sólo es el más demandado, sino que representa el mercado más competitivo. El cultivo, procesamiento y transporte de esta droga es realizado por varios micro y pequeños "empresarios", que no necesariamente cuentan con la intervención de los grandes cárteles de drogas.

La marihuana es el principal mercado generador de dinero ilícito en México. De esta manera, las ganancias que son producto de la marihuana sirven como dinero fresco para comprar insumos de anfetaminas y cocaína al contado (gráfica 14).[26]

Gráfica 14. Ingresos por venta de drogas en México, 2008

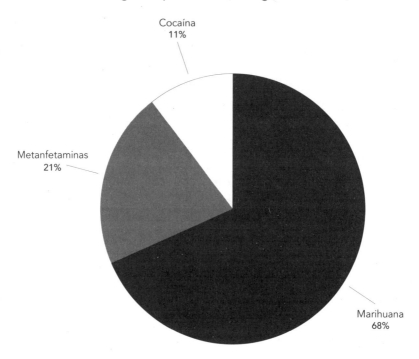

El fondo de inversión Privateer Holdings estimó que el mercado mexicano del cannabis tiene un valor potencial de 1,700 millones de dólares, ya que el valor de la marihuana medicinal oscila entre los 600 y 700 millones de dólares.

El volumen disponible de marihuana para el mercado mexicano se estima en 6,547 toneladas. El consumo en México, incluyendo el turismo, probablemente no rebasa las 400 toneladas anuales, alrededor de 5% de la producción nacional.

El mercado de marihuana en México

7,160 ha
ÁREA COSECHABLE

5.2%
MERMA DE
SUPERFICIE CULTIVADA

6,788 ha
ÁREA COSECHADA

1.22 ton/ha
RENDIMIENTO

8,308 ton
PRODUCCIÓN

−1,761 ton
ASEGURAMIENTOS

6,547 ton
DISPONIBLE EN
EL MERCADO

Las áreas de oportunidad que ofrece el mercado legal de marihuana para la economía en México

Es verdad que los efectos negativos de la prohibición y la guerra contra las drogas se han estudiado y analizado desde distintos enfoques como el aumento en la violencia, los costos legales y constitucionales, las violaciones a los derechos humanos e incluso su impacto ambiental; sin embargo, al momento de considerar la legalización de la marihuana, un tema que es poco discutido son los beneficios e impactos positivos que podría traer a la economía mexicana.

51

De hecho, países como Portugal, Uruguay y algunos estados en Estados Unidos, como California y Colorado,[27] donde se ha legalizado el mercado de la marihuana, ya han registrado una serie de ventajas económicas. Además de los beneficios obtenidos en seguridad, derechos humanos y reducción de daños, estos países se han beneficiado de la obtención de nuevos impuestos y empleos en la producción y el cuidado de las plantas.

A pesar de que en México es complicado hablar del tamaño del mercado o la producción de marihuana debido a su ilegalidad, se sabe que es uno de los países con el mayor número de incautaciones y erradicación de sembradíos de cannabis cada año, lo cual evidencia el potencial y la capacidad de producción que se tiene.

De esta manera, el mercado ilegal de marihuana cuenta con cientos de trabajadores que participan en distintos niveles y diversos momentos de la cadena de producción, transporte y venta. En específico, los pequeños productores —que representan a la parte social y económicamente más débil de la cadena— tienen el doble carácter de víctima y delincuente.

La legalización ayudaría al cultivador de la planta, ya que vería su cultivo como una actividad agraria y económica legítima. Más aún, el productor tendría contacto directo con el usuario y eliminaría al intermediario, quien actualmente también desempeña una actividad ilegal.

Por ello, en el tema de la regularización y legalización de la marihuana es necesario tomar en cuenta la variable del desempleo[28], es decir, estudiar propuestas que incluyan la creación de nuevos empleos o que establezcan un marco legal que considere los trabajos que hasta el momento se encuentran en la ilegalidad. Esto con el objetivo de aprovechar la experiencia y los conocimientos de las personas que ya se dedican a esta actividad de manera ilícita.

Asimismo, con la posibilidad de la legalización, surgió otro sector de la sociedad interesado en convertir al cannabis en una cultura. En consecuencia, empezaron a crearse eventos cannábicos y talleres de autocultivo clandestinos (pequeñas reuniones privadas donde se enseña a los asistentes a cultivar marihuana para dejar de recurrir al mercado negro y preparar aceites medicinales a partir de la planta).[29] Más aún, en 2018, se llevó a cabo la primera Copa Cannábica en México, un evento profesional donde cultivadores de alrededor del país compitieron por presentar la marihuana de mayor calidad ante un jurado internacional.

Como consecuencia de la importancia de los pequeños productores dentro de un mercado legal de marihuana futuro, han surgido agrupaciones como la Anicann[30], que entre otras cosas busca ayudar a los pequeños productores del campo en México, incluso a los de las comunidades más pobres del país. Esto con el objetivo de generar una cadena de valor donde todos los involucrados ganen y logren mejorar su nivel de vida.

Derivado de su ilegalidad, esta actividad se encuentra escondida en la sierra, lejos de la tecnología, las mejores semillas y los fertilizantes más eficientes, los cuales ayudarían a mejorar las cosechas. De este modo, la intención de estas agrupaciones es retomar a productores experimentados que ya conocen y siembran la planta, traerlos a la legalidad y brindarles las herramientas y las tecnologías necesarias para que tengan un producto de calidad que resulte en más ventas de productores nacionales y menos de productores extranjeros.

Como parte de este proyecto, se pretende implementar la "agricultura por contrato"[31], es decir, un esquema en el que se le proporcionan las semillas y agroquímicos al agricultor y a cambio él pone la tierra, el tractor, el agua y la supervisión de los plantíos, lo cual abarata los costos y al mismo tiempo garantiza que se cumplan los estándares de producción y calidad deseados.

Adicionalmente, es verdad que una vez que llegue la legalización los agroprofesionales que conozcan la semilla y la planta serán necesarios para cuidar las miles de hectáreas plantadas. En ese sentido, la Universidad de Nuevo León, en colaboración con organizaciones privadas, ya realiza un protocolo de investigación, así como la posible creación de la carrera de agrónomo cannabicular, como una alternativa para que los jóvenes tengan una opción mucho más redituable al emprender o dedicarse al campo.

Lo que se ha logrado

Con respecto al mercado medicinal de marihuana, el cual ya está regulado en México, por medio del Proyecto Nacional del Cultivo de Cannabis para usos Medicinales se pretende atender la crisis del campo mexicano. Empresas internacionales productoras de cannabis han presentado este proyecto a autoridades municipales, campesinos, comisarios y comisariados ejidales como una alternativa para darle una solución a la crisis que actualmente afecta al campo mexicano.[32]

La legalización podría ser el primer paso hacia la desestigmatización, es decir, a dejar de ver a estas personas como delincuentes, y considerarlas como trabajadores. En realidad lo único que diferencia a los pequeños productores mexicanos de los de Colorado, Estados Unidos, son los riesgos a los que están expuestos, las ganancias que obtienen al realizar su trabajo y su posición frente a la ley, no la actividad que realizan en concreto.

Finalmente, los empleos generados o "recuperados" de la ilegalidad deben ser un tema central a tomar en cuenta para la regulación de la marihuana, así como uno de los aspectos que tienen que contemplarse al momento de diseñar una nueva política pública que legalice las sustancias psicoactivas que hasta ahora permanecen al margen de la ley, como la marihuana.

2
USO CIENTÍFICO, MEDICINAL Y LÚDICO
DEL CANNABIS

———

El empleo medicinal del cannabis se refiere al uso de toda la planta sin procesar, o de sus extractos básicos, con el objetivo de tratar ciertos síntomas de enfermedades y otros trastornos. Las plantas de cannabis se han usado desde la antigüedad como medicina tradicional a base de hierbas y para intoxicación.

En la actualidad, los dos cannabinoides[1] principales de la planta de marihuana que presentan interés medicinal son el THC y el CBD. Por un lado, el THC puede aumentar el apetito y reducir las náuseas. Del mismo modo, puede reducir el dolor, la inflamación (hinchazón y enrojecimiento), así como los problemas de control muscular. Por otro, a diferencia del THC, el CBD es un cannabinoide que no causa efecto de intoxicación (*high*), es decir, no altera la mente. Sin embargo, puede resultar útil para reducir el dolor y la inflamación y para controlar las convulsiones epilépticas,[2] e incluso puede servir para tratar enfermedades mentales y adicciones.

Los científicos también han realizado ensayos clínicos y preclínicos con el cannabis y sus derivados para tratar los síntomas de enfermedades y trastornos diversos, tales como el sida y la esclerosis múltiple (EM), la cual causa una pérdida gradual del control muscular.

Tabla 6. Usos médicos más frecuentes del cannabis

USO	DESCRIPCIÓN
Náuseas y vómito	El tratamiento para los efectos secundarios asociados a la terapia antineoplásica ha sido una de las indicaciones terapéuticas más documentadas, con alrededor de 40 estudios, de los cuales la mayoría se llevaron a cabo en la década de 1980.
Anorexia y caquexia	Se ha observado una estimulación del apetito como efecto del THC cuando se administra en forma fraccionada una dosis total de 5 mg al día. El THC aumentó el apetito al doble en una escala analógica visual en comparación con el placebo. Como resultado, los pacientes lograron conservar el peso corporal a partir de un periodo de siete meses.
Espasticidad	En el estudio clínico con delta-9-tetrahidrocannabinol, nabilone y cannabis, se observó un efecto positivo en la espasticidad por esclerosis múltiple o lesiones de médula espinal, así como una mejoría del dolor, la parestesia, los temblores y la ataxia.
Enfermedades del movimiento	Existe un beneficio terapéutico en el síndrome de Tourette, en la discinesia tardía. En el síndrome de Tourette muchos pacientes sólo muestran una mejoría mínima, sin embargo, algunos consiguen una respuesta considerable o el control total de los síntomas. Por su parte, en pacientes de esclerosis múltiple se han identificado beneficios en la reducción de la ataxia (falta de coordinación muscular) y los temblores tras la administración de THC.

Dolor	El THC administrado por vía oral produce beneficios para el dolor neoplásico a dosis de 15 y 50 mg. No obstante, algunos pacientes han experimentado efectos secundarios de intolerancia. El cannabis se ha usado con éxito en la medicina popular para multitud de trastornos relacionados con el dolor como la migraña y otros tipos de dolores de cabeza, artritis, neuralgias, neuropatías, dismenorrea, colitis ulcerosa y enfermedades de Crohn.
Glaucoma	El cannabis reduce la presión intraocular en un rango de 25 a 30%, alcanzando en ocasiones hasta un 50 por ciento.
Enfermedades autoinmunes e inflamatorias	En una serie de síndromes que implica dolores secundarios a procesos inflamatorios, los productos derivados del cannabis pueden actuar no sólo como analgésicos, sino como un efectivo antinflamatorio. Además, hay casos registrados que demuestran el beneficio en pacientes con diferentes trastornos alérgicos que se han automedicado con cannabis. Sin embargo, es importante aclarar que el mecanismo a través del cual los productos derivados del cannabis benefician enfermedades autoinmunes específicas aún no es claro.
Epilepsia	El uso en el tratamiento de la epilepsia también representa otra de las indicaciones terapéuticas clásicas del cannabis, derivado de los experimentos que se han realizado con animales, los cuales han evidenciado su efecto antiepiléptico. La actividad anticonvulsionante de la fenitoína y del diazepam se ven potenciados con el THC.

Asma	Los experimentos sobre los efectos antiasmáticos del THC o del cannabis datan principalmente de la década de 1970 y provienen de diversos estudios rigurosos. Los efectos de un cigarro de marihuana (2% de THC) o de THC oral (15 mg) corresponden al beneficio que se obtiene con la dosis terapéutica de un broncodilatador habitual (salbutamol e isoprenalina).
Dependencia y síndrome de abstinencia	El cannabis funciona como un buen remedio para combatir el síndrome de abstinencia causado por la dependencia de benzodiacepinas, opiáceos y alcohol. Por ello, algunos han hecho referencia a él como la puerta de salida de las drogas. De esta manera, y según los beneficios mencionados, puede ser útil tanto en la reducción de los síntomas físicos, como del estrés que ocurre después de abandonar la droga a la que se es dependiente.
Síntomas psiquiátricos	Se ha observado una mejoría en el humor y en la depresión reactiva en algunos estudios con THC, así como en enfermedades psíquicas, como los trastornos del sueño, la ansiedad, el síndrome de la bipolaridad y la distimia.
Síndromes mixtos	Se han identificado efectos positivos en situaciones clínicas que no se pueden catalogar adecuadamente como el síndrome de fatiga crónica, el síndrome del miembro fantasma y otros. En ocasiones, los productos derivados del cannabis muestran buenos resultados en enfermedades con síntomas múltiples, las cuales entran en el espectro terapéutico del THC.

Tabla 7. Medicamentos derivados del cannabis

MEDICAMENTO	DESCRIPCIÓN
Dronabinol y nabilone	• Aprobados por la FDA en Estados Unidos.[3] • Contienen THC. • Tratamiento para las náuseas causadas por la quimioterapia. • Aumentar el apetito en pacientes que han sufrido una pérdida extrema de peso a causa del sida.
Nabiximols	• Aprobado por el Reino Unido, Canadá y varios países europeos. • No cuenta con la aprobación de la FDA. • Pulverizador bucal que contiene THC y CBD. • Tratamiento de los problemas de control muscular causados por la esclerosis múltiple.
Epidiolex	• No cuenta con la aprobación de la FDA. • Tratamiento de ciertas formas de epilepsia infantil.

Aunque es evidente que las propiedades farmacológicas de la planta han sido extensamente estudiadas, aún persisten las diferencias de interpretación y valoración, las cuales dependen en buena medida de los factores particulares considerados en cada estudio.

Finalmente, está comprobado que el consumo de la marihuana representa riesgos menores para la salud de los usuarios que el resto de las drogas conocidas —incluyendo el alcohol y el tabaco. Más aún, no existe una dosis letal conocida por el consumo de marihuana o de sus componentes activos.[4]

La legislación en México

El debate sobre la legalización de la marihuana en México ha alcanzado gran notoriedad pública como resultado de dos circunstancias. La primera está relacionada con las nuevas posiciones adoptadas en diversos países a favor de la despenalización. La segunda tiene que ver con el fallo de la Suprema Corte, que en noviembre de 2015 otorgó el primer amparo federal a cuatro personas para el cultivo y consumo recreativo de marihuana, lo cual revivió la discusión sobre la legalización, los posibles costos y beneficios.

De esta manera, la legislación mexicana vigente mantiene una postura prohibicionista en relación con la siembra, cultivo, cosecha, producción, comercialización, importación, exportación y uso de *Cannabis sativa*, *indica* y americano. Sin embargo, las únicas excepciones son para el uso medicinal y de investigación.[5]

El 21 de abril de 2016, el Ejecutivo federal remitió una iniciativa "que reforma, adiciona y deroga diversas disposiciones de la Ley General de Salud y reforma el párrafo tercero del artículo 195 del Código Penal Federal", el cual tiene como objetivo permitir la siembra, cultivo, cosecha, elaboración, preparación, acondicionamiento, adquisición, posesión, comercio, transporte en cualquier forma, prescripción médica, suministro, empleo, uso y consumo de la marihuana o *Cannabis sativa*, *indica* y americano o con fines medicinales y personales.[6]

Con este fin, se realizaron modificaciones a los artículos

237, 245, 474 y 479 de la Ley General de Salud, y el 195 del Código Penal Federal. Como consecuencia de estos cambios, algunos ex jefes de Estado, académicos, representantes de la sociedad civil y legisladores mexicanos propusieron la adopción de una nueva regulación dirigida a reducir daños a la salud, la inseguridad y la violencia. De este modo, el consumo de marihuana podría tratarse como una cuestión de salud pública y no penal.

Así, el 19 de junio de 2017 se reformaron varios artículos de la Ley General de Salud y del Código Penal Federal con el objetivo de atribuir a la Secretaría de Salud la facultad de establecer políticas públicas para la regulación del uso medicinal de los derivados farmacológicos del cannabis, así como para despenalizar la siembra, el cultivo o la cosecha de plantas de cannabis cuando se lleven a cabo con fines médicos y científicos, de acuerdo con lo requerido para la autorización del Ejecutivo federal.

Asimismo, durante la elaboración de la Constitución Política de la Ciudad de México se discutió la legalización del uso medicinal del cannabis. El 5 de febrero de 2017 se publicó en el *Diario Oficial de la Federación* el documento final donde se estipula que "a toda persona se le permitirá el uso médico o terapéutico de la marihuana o el *Cannabis sativa, indica* y americano y sus derivados, de conformidad con la Constitución Política de los Estados Unidos Mexicanos y la legislación aplicable".[7]

Cómo tramitar el permiso para el uso lúdico de la marihuana

En primer lugar, sería esencial aclarar que a pesar de que en México ya está permitido consumir y cultivar marihuana para uso lúdico, esto no significa que hay carta abierta para distribuir o comercializar, lo cual continúa siendo considerado como un delito. En realidad, se trata de un acercamiento formal para regular actividades relacionadas con el uso personal del cannabis en nuestro país, incluyendo siembra, cultivo, cosecha, preparación, posesión y transporte

Asimismo, si una persona sin autorización porta un gramaje para uso personal podrá ser detenida y aunque en este supuesto no exista una pena, el detenido estará obligado a pasar por un proceso judicial hasta que un juez de control lo deje en libertad.

En este contexto, existen algunos colectivos y personas que están a favor de la planta y que no desean esperar a que el Congreso regule su consumo. Siguiendo los pasos de aquellos que lograron ampararse para fumar marihuana y con esos casos como precedentes, poco a poco han llegado solicitudes a la Cofepris para el consumo, con los derechos correlativos al autoconsumo, tales como siembra, cultivo, cosecha, preparación, acondicionamiento, posesión, transporte en cualquier forma, empleo, uso, consumo y, en general, todo acto relacionado con la utilización lúdica y personal del estimulante.

A continuación se exponen los pasos que deben seguirse para obtener el permiso para el uso de marihuana legal en México:[8]

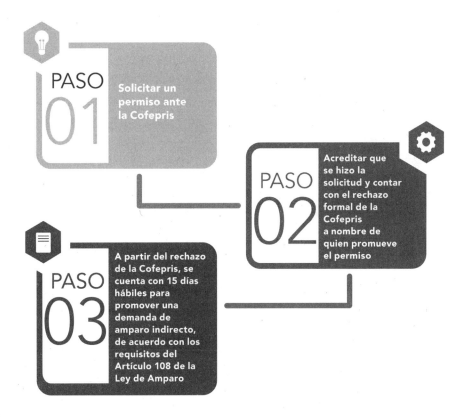

PASO
01
Solicitar un permiso ante la Cofepris

PASO
02
Acreditar que se hizo la solicitud y contar con el rechazo formal de la Cofepris a nombre de quien promueve el permiso

PASO
03
A partir del rechazo de la Cofepris, se cuenta con 15 días hábiles para promover una demanda de amparo indirecto, de acuerdo con los requisitos del Artículo 108 de la Ley de Amparo

Debido a que ya hay una jurisprudencia que permite el uso lúdico de la marihuana a todo aquel que lo solicite ante las autoridades federales, el juez estará obligado a conceder el amparo y como consecuencia, a partir de ese momento, se le ordenará a la Cofepris que expida el permiso correspondiente.[9]

De acuerdo con la Cofepris, se han recibido 534 solicitudes para uso lúdico y personal de la marihuana, de las cuales nueve se han autorizado, en atención de mandatos del Poder Judicial; 180 han sido desechadas y el resto de las solicitudes se encuentran en proceso de resolución (gráfica 15).[10]

Gráfica 15. Solicitudes para uso lúdico y personal de la marihuana

345

180

9

En proceso de resolución   Desechadas   Aprobadas

A pesar de lo anterior, la compra de marihuana en el país sigue siendo ilegal, aun cuando se cuente con un amparo. Es decir, aunque se obtenga el trámite de manera exitosa, no se podrá comprar en México, ya que el amparo sólo protege la cosecha, la plantación, el transporte, la posesión y el consumo personal.

Por ello, la solución para algunos demandantes apunta a la importación legal de semillas. De este modo, varias de las personas amparadas ahora están en proceso de tramitar un permiso de importación, el cual otorga la propia Cofepris.[11] Hasta el momento sólo se ha entregado una licencia de importación, pero únicamente para medicamentos que cuenten con uno de los componentes del cannabis: CDB, el cual se usa para el tratamiento de la epilepsia.

Causas de invalidez de los lineamientos de la Cofepris

1. Aunque se trata de una serie de lineamientos, el documento no se limita a establecer los actos administrativos ejecutados por los funcionarios de la institución en el tema del cannabis, sino que crea nuevas obligaciones, las cuales no se contemplan en ninguna ley o reglamento a cargo de los actores interesados en hacer actividades relacionadas con el cannabis, es decir, actores privados, no funcionarios de la Cofepris.

2. Limita los derechos establecidos en la ley. Un ejemplo de esto es que exige, para la adquisición de una autorización de investigación, formar parte de un Inventario Nacional de Investigación en Materia de Cannabis, el cual no existe en otro lado más que en dichos lineamientos. Del mismo modo, no se establecen requisitos, resultando en la inclusión de las personas en una lista taxativa de ciudadanos aptos para recibir dicha autorización.

Sería algo distinto si el lineamiento definiera la obligación de los funcionarios de tener un registro de los solicitantes autorizados, ya que esto sí sería aceptable. Por el contrario, lo que el lineamiento hace en el artículo 7 es condicionar la posibilidad de obtener una autorización a la inclusión previa en el registro. En estos casos sería posible que el comisionado estuviera invadiendo la esfera de competencia del Poder Legislativo, al eliminar la posibilidad de obtener una autorización por parte de las personas que anteriormente no han sido excluidas por alguna ley o reglamento.

3. No diferencia de manera clara la posibilidad de cultivar con fines medicinales o de realizar investigación científica sin fines precisamente médicos. No se cuenta con un protocolo

de investigación. El texto parece ser interpretable y aparenta exigir que todas las investigaciones científicas sean médicas para que el cultivo se autorice. Sin embargo, existe la posibilidad de realizar investigaciones científicas que no estén directamente dirigidas al desarrollo de medicamentos o aplicaciones médicas. Un ejemplo de esto sería un estudio sobre horticultura o sobre el comportamiento social no vinculado con una patología. Del mismo modo, existe la probabilidad de buscar fines medicinales sin la necesidad de llevar a cabo una investigación científica.

Adicionalmente, los lineamientos toman en cuenta la opción de *importar* productos con fines medicinales, eliminando la condición de que se haga investigación. Por el contrario, el *cultivo* pareciera estar condicionado a que siempre exista investigación, cuando está condición no tendría por qué ser obligatoria.

4. Dado lo anterior, cabría esperar una controversia constitucional con las disposiciones del Congreso de la Unión, así como amparos por parte de los actores privados interesados en la materia.

5. Los especialistas en el tema han comentado que es extraño que el texto se haya publicado como *lineamiento* y no como un *reglamento,* que es lo que correspondería, después de tanto tiempo.

Consecuentemente, pareciera un texto con el objetivo de ampliar la discrecionalidad de la Cofepris, y no de dar certeza jurídica a productores y usuarios, que es lo que buscaba la ley.

La importancia de la calidad

Es verdad que en los últimos años el cannabis ha pasado de ser una droga de carácter exclusivamente recreativo a un medicamento para pacientes gravemente enfermos que necesitan un producto fiable. Esta transición tiene implicaciones importantes para los niveles de calidad esperados de los productos provenientes de los cannabinoides. Para lograr esto, es necesario tener suficiente control sobre todos los pasos: desde el cultivo hasta la administración al paciente.

De la misma forma, es importante ser consciente de que siempre es esencial que un producto contenga todos los ingredientes indicados en la etiqueta y no algún aditivo dañino. Por ello la pregunta sería: ¿qué debería analizarse y etiquetarse exactamente? Lo más importante es la cantidad de los principios activos más potentes, los cannabinoides.[12]

El requisito más relevante para los productos de salud es que el consumidor pueda usarlos de forma segura. Esto se puede obtener a través de procedimientos higiénicos adecuados y excluyendo la adición de sustancias tóxicas mediante la utilización exclusiva de materiales seguros. Para garantizar la seguridad del producto se pueden aplicar controles del proceso durante la fabricación y debe examinarse el producto final en un buen laboratorio, de preferencia independiente.

Un ejemplo de estandarización y control de calidad de los productos

En algunos países donde el cannabis medicinal ya está regularizado desde hace varios años, cuentan con sistemas y controles de regulación de los productos provenientes de la planta para asegurar su calidad y eficacia. Por ejemplo, en los Países Bajos, como parte del Programa de Marihuana Medicinal oficial, que supervisa la Oficina de Marihuana Medicinal, existe un cultivador certificado y legal de cannabis con fines medicinales, con el objetivo de garantizar una calidad segura y una concentración constante de principios activos. Asimismo, durante el proceso de cultivo se toman un gran número de medidas.[13]

Adicionalmente, un laboratorio independiente analiza el cannabis con fines medicinales para comprobar su aspecto —tamaño y forma del capullo o cogollo—, el contenido en cannabinoides, el perfil de terpenos y el contenido de agua. Además, se analiza la ausencia de cabellos, insectos, bacterias y mohos, así como de metales pesados, pesticidas y toxinas fúngicas. La marihuana que se cultiva de manera legal en condiciones de buenas prácticas de manufactura y que se analiza en un laboratorio oficial es un material vegetal estandarizado y puede comercializarse con grado farmacéutico.

En la actualidad se comercializan muchos productos elaborados con marihuana (THC elevado) y con cáñamo (THC bajo) que exigen nuevas normas de calidad. Dado que los extractos de marihuana presentan una composición compleja que dificulta su análisis, se necesitan buenos laboratorios bien equipados, así como técnicos con la formación apropiada.

Sin embargo, las normas para el control de calidad del material de la planta de cáñamo y sus extractos todavía no se han definido bien, lo que deriva en el riesgo de que algunos productos poco seguros y de baja calidad lleguen a manos de los pacientes.

Finalmente, lo más importante es la responsabilidad del productor de etiquetar con claridad y correctamente su producto, de modo que el consumidor comprenda qué está comprando y consumiendo.

El voto en el Senado de la República

En 2016, el Senado de la República aprobó (con 98 votos a favor, siete en contra y una abstención) el dictamen que reformó diversas disposiciones de la Ley General de Salud y del Código Penal Federal, con el objetivo de permitir el uso medicinal del cannabis en México.[14]

De este modo, el proyecto permite a la Secretaría de Salud diseñar y ejecutar políticas públicas que regulen el uso medicinal de los derivados farmacológicos de *Cannabis sativa*, *indica* y americano o marihuana. Entre ellos se encuentra el THC, sus isómeros y variantes estereoquímicas, así como normar la investigación y su producción nacional.

Asimismo, se estableció que los productos que contengan concentraciones de 1% o menores de THC y que tengan amplios usos industriales, podrán comercializarse, exportarse e importarse, cumpliendo los requisitos establecidos en la regulación sanitaria. Del mismo modo, se indicó que la siembra, el cultivo o la cosecha de plantas de marihuana no serán punibles cuando estas actividades se lleven a cabo con fines médicos y científicos, en los términos y condiciones de la autorización que para dicho efecto emita el Ejecutivo federal.

Al presentar mi voto particular en contra en el Senado, como parte del grupo parlamentario del PRD, advertí que no se le deben quitar méritos al dictamen, ya que es un pequeño avance que traerá beneficios a pacientes que tendrán acceso a medicamentos y productos para enfermedades dolorosas. No obstante, apunté en aquella ocasión, celebrar que estamos haciendo un cambio en materia de marihuana, es vernos la cara a todos a estas alturas del partido.

Además, subrayé que el Senado estaba sacrificando el poder civil a cambio de ofrecer seguridad pública a los ciudadanos: "No podemos atender el tema de la seguridad nacional y del fracaso de la política de combate al crimen organizado con querer pasar un dictamen en materia de seguridad nacional de botepronto y sobre las rodillas". Finalmente, resalté que la discusión de las drogas no se queda en la marihuana, sino que es necesario revisar la goma de opio y la amapola.

En este contexto, presenté mi voto con sustento en las consideraciones expuestas en la tabla 8.[15]

Tabla 8. Voto de Armando Ríos Piter

CONSIDERACIÓN	ESPECIFICACIONES
La crisis actual que vive México	En términos de violencia y seguridad pública, la cual está directamente relacionada con el fortalecimiento del crimen organizado en el país ligado al narcotráfico, las divisiones en el interior de los principales cárteles y la diversificación de éstos.
Cannabis o marihuana	De acuerdo con las Naciones Unidas, cuenta con distintas sustancias activas de carácter medicinal que ayudan a mejorar la vida de los pacientes con enfermedades crónico degenerativas.
La marihuana es la droga más consumida a nivel mundial	Según información de la Organización de las Naciones Unidas.

Consumo de la marihuana en México	De acuerdo con datos de 2011, 1.2% de la población de entre 12 y 65 años consume esta droga.
Mensaje del presidente de México en la ONU	En 2012, Colombia, Guatemala y México solicitaron convocar a Sesión Especial de la Asamblea General de la ONU (UNGASS) referente al problema mundial de drogas. Se llevó a cabo el 18 de abril de 2016, y tuvo como fin revisar la estrategia internacional actual y establecer mejores soluciones desde una perspectiva de derechos humanos, prevención y salud pública que ponga en el centro el bienestar de las personas.
Iniciativa para despenalizar el consumo y el uso medicinal del cannabis	El 21 de abril de 2016, el Poder Ejecutivo presentó una iniciativa que modifica los artículos 237, 245, 474-479 de la Ley General de Salud y el 195 del Código Penal Federal, y propone un cambio de la actual política de salud en materia de uso medicinal del cannabis.
El nuevo paradigma de la Suprema Corte de Justicia de la Nación en materia de consumo de drogas	El 4 de noviembre de 2015, la Primera Sala de la Suprema Corte de Justicia de la Nación resolvió el amparo en revisión 237/2014, a propuesta del ministro Arturo Zaldívar Lelo de Larrea. Esta resolución permitió otorgar la protección de la justicia federal a cuatro quejosos, es decir, les permitió el cultivo, procesamiento y autoconsumo del cannabis con fines recreativos, pero sin la autorización para su comercialización ni el consumo de otras sustancias psicoactivas, derivando en una resolución histórica para los derechos y las libertades en México.

Los criterios de inconstitucionalidad de la Ley General de Salud con respecto a la sentencia de amparo de la Suprema Corte de Justicia de la Nación en materia de marihuana	N/A.
La Convención única sobre estupefacientes	Firmada el 30 de marzo de 1961 en Nueva York, es el tratado internacional contra la manufactura y el tráfico ilícito de drogas estupefacientes que conforma la base del régimen global de control de drogas.
El caso de Grace	Un caso que marcó a la opinión pública.
Experiencias internacionales: modelos de regulación	El Estado mexicano, en particular el proceso de análisis y discusión de una política alternativa para enfrentar el problema del mercado ilegal de las drogas en México, debe emular las experiencias de otros países que pasaron del combate de un mercado ilegal a su regulación en todas las etapas del proceso: producción, procesamiento, distribución, comercio y consumo.
Modelos de regulación de la marihuana	La evidencia internacional revela un cambio de la política de combate a las drogas, así como un espectro de países que han transitado de un régimen prohibicionista a esquemas flexibles. Por ello, es necesario que el Poder Legislativo mexicano impulse un enfoque alternativo ante la ineficiencia del modelo actual. El Estado debe tomar el control del mercado de especuladores criminales y situarlo en el ámbito de la regulación.

Marco jurídico de las drogas en México	Aunque el marco legal establece que el consumo de sustancias ilícitas no es un delito, las conductas previas al consumo como la posesión, suministro, distribución, cultivo, entre otros, se manejan como un delito. Como consecuencia, los consumidores son tratados como delincuentes.
La política prohibicionista y sus consecuencias en el sistema penitenciario	El costo más visible de la política prohibicionista de 2006 son los niveles inaceptables de violencia que se viven en las distintas regiones del país.
El cambio en la opinión pública sobre la regulación de la marihuana	De acuerdo con diversas encuestas —Parametría, Cesop y Consulta Mitofsky— el rechazo a la legalización de la marihuana ha disminuido.
Desregular, despenalizar o legalizar la marihuana: el debate en el Congreso de la Unión	Presentación de iniciativas para regular el consumo del cannabis.
Dictamen de las Comisiones Unidas de Salud, Justicia, Gobernación, Seguridad Pública, Derechos Humanos y de Estudios Legislativos, Segunda	El 14 de junio de 2016, las Comisiones Unidas promocionaron un proyecto de dictamen que, de ser aprobado en sus términos, mantendría el régimen actual de penalización a la producción y consumo de marihuana, dejando sólo la posibilidad de siembra y distribución e importación de la marihuana y sus derivados para uso médico y de investigación. Sin embargo, el dictamen desconoce las diferentes propuestas presentadas por distintos legisladores, desde la LX Legislatura.

3
EL MARCO REGULATORIO INTERNACIONAL
APLICABLE AL CANNABIS
Y SUS DERIVADOS

El marco legal internacional para tratar con sustancias controladas, abuso y adicción, narcotráfico y sus repercusiones financieras, es un claro ejemplo de los efectos que ha tenido el proceso de globalización del siglo XXI. Ningún gobierno tiene en sus manos el poder, la capacidad de maniobra ni los recursos o la voluntad política de resolver el problema de manera unilateral. Durante más de medio siglo, los esfuerzos realizados en aras de crear un enfoque multilateral e internacional en la materia han sido en vano. Sin embargo, representan una red interrelacionada del consenso forjado por los gobiernos a lo largo de los últimos 60 años.[1]

A pesar de la creación del marco internacional punitivo en torno a la política de drogas, la realidad es que las normas relativas al cannabis varían mucho dependiendo de cada nación, e incluso pueden cambiar dentro de un solo país. De esta manera, algunos Estados han optado por actuar con enfoques de salud pública, derechos humanos y reducción de riesgos y daños. Algunos otros han preferido utilizar el derecho penal como la base para sancionar la posesión y el consumo.

En un principio, con el objetivo de entender este proceso, sería importante hacer una distinción clara entre los términos *legalización*[2] y *despenalización*[3] en el contexto de la drogas.

Por una parte, en el debate sobre la política de drogas, el término *legalización* es frecuentemente utilizado para referirse a la producción, distribución, venta y posesión legal de sustancias previamente controladas.

Por otro lado, el término *despenalización* se refiere a la no imposición de sanciones y antecedentes penales cuando alguien es sorprendido en posesión de drogas ilegales para consumo personal. De este modo, la despenalización de derecho, o *de jure*, implicaría que el consumo de drogas adquiriera cualquiera de las siguientes características: *1)* no se considera una ofensa; *2)* se considera una ofensa de orden administrativo y se sanciona como tal.

La despenalización *de facto* involucra que la posesión de drogas para el consumo personal, a pesar de permanecer inscrita en el catálogo de ofensas penales, *1)* no se persigue; *2)* se sanciona con penas alternativas que no incluyen el encarcelamiento de la persona procesada.

Tomando en cuenta lo anterior, el actual sistema internacional de política de drogas tiene sus bases en las convenciones establecidas por las Naciones Unidas, las cuales se caracterizan por su enfoque prohibicionista y punitivo. Este esquema restrictivo incentiva y favorece el desarrollo de los mercados ilegales de drogas, que son regulados únicamente por el crimen organizado.

Existen tres acuerdos internacionales que delimitan los esfuerzos para el control del abuso de sustancias y el tráfico ilícito de sustancias controladas, y que permiten la cooperación intergubernamental:[4]

1. *Convención Única de 1961 sobre Drogas Narcóticas* (28 páginas). Creó un sistema universal para el control del

cultivo, la producción, exportación, importación, distribución, el uso y la posesión de tres tipos de sustancias: la amapola, la hoja de coca y el cannabis. Dicha convención amplía el marco de su extensión a cualquier otra droga que cause efectos similares a aquellos que el tratado especifica. El mismo establece cuatro Listas de sustancias controladas, cuyas Listas I y II están sujetas a los más estrictos controles. Desde marzo de 2005, se incluyeron 116 drogas en la Convención Única. Todos los estados miembros de la Comisión Interamericana para el Control del Abuso de Drogas (CICAD)[5] han firmado y ratificado este tratado.

2. *Convenio sobre Sustancias Sicotrópicas de 1971* (18 páginas). Trata sobre la maquinaria internacional para el control de sustancias, especialmente ante la aparición de compuestos sintéticos, tales como anfetaminas, barbitúricos y LSD, y sus precursores químicos. En éste se reconoce que las sustancias controladas con frecuencia tienen usos terapéuticos y valor científico. Todos los miembros de la CICAD, excepto Haití, han firmado y ratificado este tratado.

3. *Convención de las Naciones Unidas contra el tráfico ilícito de estupefacientes y sustancias psicotrópicas de 1988* (24 páginas). Añade mecanismos de imposición para combatir el tráfico ilegal de sustancias controladas, haciendo énfasis en el rol del crimen organizado y sus ramificaciones financieras a través del lavado de activos. Todos los Estados miembros de la CICAD han firmado y ratificado este tratado.

Adicionalmente, dentro de las Naciones Unidas hay cuatro agencias o instituciones que trabajan para convertir estos tratados en políticas multilaterales coherentes.[6]

1. *Comisión de Estupefacientes* (CND). Pertenece al Consejo Económico y Social de las Naciones Unidas y es el órgano principal encargado de la elaboración de políticas. Se reúne de manera anual. Está compuesto por cincuenta y tres Estados miembros elegidos por el Consejo, evalúa la situación mundial y genera propuestas para el fortalecimiento del sistema internacional del control de estupefacientes para combatir el problema de las drogas en el mundo.

2. *Junta Internacional de Fiscalización de Estupefacientes* (JIFE). Es un órgano de control semijudicial para la implementación de convenciones, independientes de los Estados miembros y de la propia Organización de Naciones Unidas. Los 13 miembros que constituyen su consejo dan seguimiento al cumplimiento de tratados internacionales.

3. *Comisión de Prevención del Delito y Justicia Penal de Naciones Unidas.* Los cuarenta miembros formulan políticas internacionales y recomiendan actividades en el área del control del crimen. Está organizada bajo el Consejo Económico y Social de las Naciones Unidas, ofreciendo a las naciones un foro de intercambio de información y de soluciones para combatir y prevenir el crimen a nivel global, hacer cumplir el derecho penal y luchar contra la corrupción, el tráfico de personas y el crimen organizado trasnacional.

4. *Oficina de las Naciones Unidas contra la Droga y el Delito* (UNODC). Tiene su base en Viena, Austria, y cuenta con 25 oficinas nacionales y regionales, así como con una oficina de enlace en Nueva York. Lleva a cabo investigaciones y trabajos de análisis para un mayor entendimiento de la situación global, asiste a los países miembros en la puesta en funcionamiento, de acuerdos internacionales, y facilita la cooperación técnica a través de proyectos de asistencia, incluyendo el desarrollo alternativo sostenible. La CICAD coopera extensamente con UNODC en múltiples iniciativas, incluyendo la elaboración de estudios comparados en abuso de drogas y justicia penal.

La Organización Mundial de la Salud (OMS) también contribuye facilitando su experiencia en la evaluación de requisitos científico-médicos para sustancias controladas, de modo que las partes que constituyen los tratados puedan determinar cuotas de permisibilidad para usos legítimos.

Sin embargo, es importante observar que cada Estado tiene la facultad de establecer marcos regulatorios propios que se adecuen a la situación interna individual. A continuación se presenta un listado de la situación legal del cannabis en cada uno de los países, con respecto a la posesión, venta, transporte, cultivo y uso medicinal.

Tabla 9. Situación legal del cannabis a escala mundial

PAÍS	P	V	T	C	M	OBSERVACIONES
Albania	I	I	I	I	I	
Alemania	D	I	I	I	I	Actualmente, se pueden poseer hasta 6 g de cannabis y en algunas regiones/ciudades, como Berlín, hasta 10 g.
Arabia Saudita	I	I	I	I	I	Existe pena de muerte para aquellos que trafiquen cualquier droga ilegal.
Argelia	I	I	I	I	I	
Argentina	I	I	I	I	I	
Australia	I	I	I	I	I	Ha evitado políticas punitivas de drogas, ya que busca enfocarse en una basada en la reducción de daños.
Austria	I	I	I	I	L	El uso de la marihuana no es técnicamente ilegal; no obstante, la posesión, distribución y venta lo es.
Bélgica	D	I	I	I	I	La posesión está despenalizada con un máximo de 3 g de marihuana.
Belice	I	I	I	I	I	En 2012, se presentó una propuesta en la que se remueven las sanciones criminales cuando se posee más de 10 g de marihuana.

Actividad: Posesión (P), Venta (V), Transporte (T), Cultivo (C), Uso medicinal (M)

PAÍS	P	V	T	C	M	OBSERVACIONES
Bielorrusia	I	I	I	I	I	
Bolivia	I	I	I	I	I	
Bosnia y Herzegovina	I	I	I	I	I	Cuenta con un programa público de reducción de daños.
Botsuana	I	I	I	I	I	
Brasil	D	I	I	I	I	
Bulgaria	I	I	I	I	I	
Camboya	I	I	I	I	I	
Canadá	D	D	D	D	L	En 2018 se aprobó el Acta del Cannabis, la cual determina al gobierno canadiense como el único autorizado para facultar a personas de posesión, venta o distribución de cannabis.
Chile	D	I	I	I	I	El uso personal de marihuana en cantidades pequeñas y en lugares privados está despenalizado.
China	I	I	I	I	I	La pena de muerte se aplica regularmente como resultado de delitos relacionados con drogas.
Chipre	I	I	I	I	I	En 2013, se introdujeron límites a la cantidad de posesión para uso personal.

Estatus: Ilegal (I), Despenalizado (D), Legal (L)

PAÍS	P	V	T	C	M	OBSERVACIONES
Colombia	D	I	I	I	I	La posesión de marihuana está despenalizada con un máximo de 20 g.
Corea del Sur	I	I	I	I	I	
Costa Rica	D	I	I	I	I	El consumo no está tipificado como delito, sino como enfermedad.
Croacia	D	I	I	I	I	La posesión es un delito menor.
Cuba	I	I	I	I	I	
Dinamarca	I	I	I	I	I	Sus leyes permiten dos medicamentos basados en el cannabis (Marinol y Savitex).
Ecuador	D	I	I	I	I	Se permiten hasta 10 g para consumo personal.
Egipto	I	I	I	I	I	
Emiratos Árabes Unidos	I	I	I	I	I	
Eslovaquia	I	I	I	I	I	
Eslovenia	D	I	I	I	D	La compra para uso y consumo propio no se considera como delito penal.
España	D	I	I	D	D	El cultivo de la marihuana únicamente es legal dentro de los clubes cannábicos.

Actividad: Posesión (P), Venta (V), Transporte (T), Cultivo (C), Uso medicinal (M)

PAÍS	P	V	T	C	M	OBSERVACIONES
Estados Unidos	I	I	I	I	I	Es ilegal a nivel federal, sin embargo, está descriminalizado en 14 estados.
Estonia	D	I	I	I	I	
Etiopía	I	I	I	I	I	
Filipinas	I	I	I	I	I	
Finlandia	I	I	I	I	I	
Francia	I	I	I	I	I	Sólo se venden medicamentos a base de cannabis, pero el acceso es limitado.
Grecia	I	I	I	I	I	
Honduras	I	I	I	I	I	
Hungría	I	I	I	I	I	Existen excepciones para las personas que están en tratamiento.
India	I	I	I	I	I	El marco legal que determina la ilegalidad de la marihuana considera su uso como un delito de bajo nivel durante festivales como Holi o Shivratri.
Indonesia	I	I	I	I	I	
Irán	I	I	I	L	I	El cultivo es legal, exclusivamente cuando sus semillas funcionan como alimento.

Estatus: Ilegal (I), Despenalizado (D), Legal (L)

PAÍS	P	V	T	C	M	OBSERVACIONES
Irlanda	D	I	I	I	I	En 2013, comenzó un proceso político que busca regular el cannabis.
Islandia	I	I	I	I	I	Existe un uso médico permitido bajo condiciones estrictas.
Israel	D	I	I	I	L	El cannabis para uso medicinal es legal; sin embargo, su uso está muy restringido.
Italia	D	I	I	I	I	En algunas regiones del país el uso de cannabis en medicamentos está permitido.
Jamaica	D	I	I	I	I	A pesar de que el cannabis medicinal se considera ilegal, existen investigaciones y desarrollo de productos derivados de éste para efectos medicinales.
Japón	I	I	I	I	I	
Jordania	I	I	I	I	I	
Kenia	I	I	I	I	I	
Laos	I	I	I	I	I	
Letonia	D	I	I	I	I	
Líbano	I	I	I	I	I	

Actividad: Posesión (P), Venta (V), Transporte (T), Cultivo (C), Uso medicinal (M)

PAÍS	P	V	T	C	M	OBSERVACIONES
Lituania	I	I	I	L	I	El cultivo de cáñamo industrial está permitido, siempre y cuando las plantas no contengan más de 0.2% de tetrahidrocannabinol.
Luxemburgo	D	I	I	I	I	
Malasia	I	I	I	I	I	
México	D	I	I	I	I	La posesión de hasta 5 g de marihuana está despenalizada.
Montenegro	I	I	I	I	I	
Nepal	I	L	I	I	I	La venta sólo está permitida dentro de los *coffee shops* locales.
Nicaragua	I	I	L	L	L	
Noruega	D	I	I	I	I	La posesión de hasta 15 g de marihuana está despenalizada.
Nueva Zelanda	I	I	I	I	I	El cannabis sólo puede utilizarse para la producción de medicamentos.
Países Bajos	D	D	I	I	I	Sólo los *coffee shops* están autorizados por el gobierno para vender hasta 5 g de marihuana.
Pakistán	I	I	I	I	I	
Paraguay	D	I	I	I	I	Sólo se permite poseer hasta 10 g de marihuana.

Estatus: Ilegal (I), Despenalizado (D), Legal (L)

PAÍS	P	V	T	C	M	OBSERVACIONES
Perú	D	I	I	I	I	Sólo se permite la posesión de hasta 8 g de marihuana.
Polonia	I	I	I	I	D	
Portugal	D	I	I	I	I	La posesión de hasta 25 g de marihuana está despenalizada.
Puerto Rico	I	I	I	I	I	Se ha propuesto una iniciativa de ley que permite la despenalización de la posesión de hasta 14 g de marihuana.
Reino Unido	D	I	I	I	I	Por posesión, en la primera y segunda ocasión se castiga con una multa o advertencia; pero la tercera resulta en el arresto.
República Checa	D	I	I	I	L	Se permite la venta en farmacias para pacientes que sufren de cáncer, mal de Parkinson, esclerosis múltiple y psoriasis.
República Dominicana	D	I	I	I	I	Cuando la cantidad es mayor a 20 g, se considera distribución o tráfico.
Rumania	I	I	I	I	D	El uso para tratar pacientes con cáncer, esclerosis múltiple, epilepsia y otras enfermedades está permitido.
Rusia	D	I	I	I	I	La posesión de 6 g o menos está permitida.

Actividad: Posesión (P), Venta (V), Transporte (T), Cultivo (C), Uso medicinal (M)

PAÍS	P	V	T	C	M	OBSERVACIONES
Serbia	I	I	I	I	I	
Singapur	I	I	I	I	I	
Siria	I	I	I	I	I	La legislación relativa al tráfico, venta y posesión de marihuana es extremadamente punitiva.
Somalia	I	I	I	I	I	
Sudáfrica	I	I	I	I	I	
Sri Lanka	I	I	I	I	I	Se ha explorado una posibilidad de cambio en la legislación en el caso del cannabis con fines medicinales.
Suecia	I	I	I	I	I	
Suiza	D	I	I	D	I	Tan sólo en algunas regiones del país se permite el cultivo de 4 plantas por persona.
Turquía	I	I	I	I	I	El Código Penal que entró en vigor en 2005 no sanciona el consumo, sino que establece penas por compra, posesión, producción, tráfico, entre otros.
Ucrania	I	I	I	I	I	
Uruguay	L	L	L	L	L	
Uzbekistán	I	I	I	I	I	

Estatus: Ilegal (I), Despenalizado (D), Legal (L)

PAÍS	P	V	T	C	M	OBSERVACIONES
Venezuela	D	I	I	I	I	La posesión de hasta 20 g de cannabis se castiga con la remisión a tratamiento.
Vietnam	I	I	I	I	I	
Zimbabue	I	I	I	I	I	

Actividad: Posesión (P), Venta (V), Transporte (T), Cultivo (C), Uso medicinal (M)

Estatus: Ilegal (I), Despenalizado (D), Legal (L)

Es importante resaltar que muchos países en el mundo han aprobado el uso terapéutico del cannabis y otros se plantean la legalización del uso recreativo. En Europa, por ejemplo, se ha realizado en Estados como Bélgica, Austria, Italia, República Checa, Polonia, Macedonia, Croacia y Alemania (véase mapa 2).[7]

Mapa 2. Legislación del cannabis en el mundo

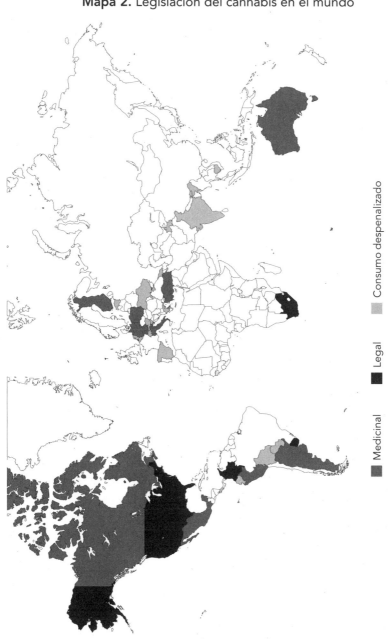

4
Modelos internacionales

A pesar de que la prohibición siempre ha sido la política dominante en México para enfrentar el uso de drogas ilícitas, debido a los ejemplos internacionales de legalización y despenalización del uso de la marihuana medicinal e incluso con fines recreativos, parece relevante revisar estas experiencias y analizar sus posibles aplicaciones.

En 2013, Uruguay se convirtió en el primer país en regular el cannabis completamente. En 2018 Canadá siguió su ejemplo. Para marzo de 2017, 28 estados de la Unión Americana ya habían regulado el cannabis con fines médicos, de los cuales seis también lo hicieron para el uso recreativo.

Del mismo modo, existen experiencias anteriores de política pública en las que, de manera exitosa, se ha priorizado la salud por encima de las acciones punitivas —tales como las de Portugal, Holanda y Suiza—, las cuales también se presentan a continuación.

El modelo portugués de descriminalización

Portugal promulgó una de las más amplias reformas a las leyes de drogas en el mundo cuando descriminalizó la posesión de bajo nivel y el uso de todas las drogas ilícitas hace más de una década. Los resultados de la experiencia portuguesa demuestran que la descriminalización de drogas —junto con una inversión importante en los servicios de tratamiento y reducción de daños— puede mejorar significativamente la seguridad y la salud pública.

En 2001, los legisladores portugueses impulsaron una propuesta de descriminalización que eliminaba las penalidades criminales por posesión de un bajo nivel y consumo de todas las drogas ilícitas y reclasificó estas actividades como faltas administrativas.[1] De esta manera, el consumo de drogas permanece legal mientras no active sanciones criminales, al igual que el tráfico de drogas, que se sigue procesando a través del sistema de justicia criminal, es decir, los distribuidores siguen yendo a la cárcel por delitos relacionados con su negocio.

Investigaciones independientes de la política portuguesa muestran resultados muy prometedores:

1. Han disminuido los usuarios recientes entre la población general. Las tasas de consumo de drogas ilícitas se han mantenido constantes, pero el número de ciudadanos con problemas relacionados con las drogas claramente ha disminuido. Incluso, las tasas de consumo de drogas a nivel nacional permanecen por debajo de los estándares europeos, y son mucho menores que en Estados Unidos.
2. Aumenta la edad de iniciación en la que los ciudadanos comienzan el consumo.
3. Ha disminuido el número de usuarios problemáticos. El consumo de drogas por adolescentes, así como su uso problemático, es decir, por personas

propensas a la dependencia o el consumo de drogas inyectables ha disminuido desde 2003.

4. Ha aumentado la demanda de tratamiento, también entre los usuarios de cannabis. Entre 1998 y 2016, el número de personas en tratamiento por una dependencia a las drogas aumentó más de 60%. Más de 70% de quienes buscaron ayuda recibieron tratamiento de sustitución con opioides, como la metadona.

5. Se ha producido una reducción en el uso de drogas inyectables.

6. Disminución de la prevalencia de enfermedades infecciosas, como VIH y hepatitis. El número de nuevos diagnósticos de VIH y sida cayó considerablemente. Entre 2000 y 2016, el número de nuevos casos de VIH entre las personas que consumen drogas disminuyó de 1,575 a 30, y el número de nuevos enfermos con sida cayó de 626 a 22.

7. Menor carga de delincuentes por sustancias ilícitas en el sistema de justicia penal. La cantidad de personas arrestadas y enviadas a tribunales criminales por delitos relacionados con drogas disminuyó más de 60% como resultado de la descriminalización.

8. Reducción de la pequeña delincuencia adquisitiva relacionada con el consumo de drogas.

9. Aumento de la eficiencia de las autoridades policiales y aduaneras en el tráfico.

10. Disminución del estigma del usuario de drogas debido a una mayor apertura y tolerancia de los ciudadanos en relación con los consumidores y sus problemas.

11. En relación con las sobredosis, Portugal cuenta con la tasa de incidencia más baja de Europa (52 en 2010, 40 en 2015, 27 en 2016). El índice de muertos relacionados con las drogas ha disminuido de forma considerable, ya que es de 3 personas por cada millón de habitantes, una cifra cinco veces más baja que el promedio de toda Europa, que se sitúa en 17.3 personas al año, según cifras de la Unión Europea.

Descriminalización, tratamiento y reducción de daños: una aproximación centrada en la salud

Es importante reconocer que los resultados positivos no se pueden atribuir únicamente a la descriminalización, sino también a la importante participación de los servicios de tratamiento y reducción de daños, incluyendo el acceso a jeringas esterilizadas, terapia con metadona de fácil acceso y otros tratamientos asistidos con medicamentos.

Adicionalmente, estas políticas públicas tienen como objetivo la reducción tanto de la oferta como de la demanda, incluyendo medidas de prevención, tratamiento, reducción de daños y reinserción a la sociedad.

Más de una década y media después, Portugal muestra que la descriminalización no lleva inevitablemente al incremento del consumo de drogas ni a la generalización de la ilegalidad. Por el contrario, las instituciones de justicia y de aplicación de la ley funcionan de manera más eficiente, resultando en el mejoramiento de la salud y el bienestar de las personas que enfrentan problemas de adicción a las drogas.

El modelo holandés de separación de mercados

De acuerdo con el Acto del Opio[2], la política holandesa sobre drogas se centra en evitar el consumo de drogas y en limitar los riesgos que conllevan las drogas, tanto para el individuo que las consume como para su entorno directo y para la sociedad en general.

En la política y legislación —ley holandesa de estupefacientes— se hace una distinción entre el cannabis (marihuana y hachís)[3] y las drogas duras, es decir, las sustancias que representan un riesgo importante para la salud (éxtasis, cocaína, heroína, entre otras). El objetivo principal es lograr una separación de los mercados de las drogas duras y el cannabis.

Adicionalmente, se busca reducir la demanda y la oferta de drogas, así como minimizar los riesgos del consumo de drogas para el usuario, su entorno directo y la sociedad.

La política sobre drogas es responsabilidad conjunta de tres ministerios:

1. El Ministerio de Justicia es responsable del mantenimiento de la política (investigación y persecución).
2. El Ministerio de Sanidad, Bienestar y Deporte es responsable de la política de prevención y asistencia. Es el encargado de la coordinación general de la política sobre drogas, debido a que en Holanda estos asuntos se consideran principalmente un riesgo para la salud.[4]
3. Las cuestiones pertenecientes al gobierno local y la policía se incluyen en el campo de acción del Ministerio del Interior y de Relaciones del Reino. En los municipios, la política se coordina a través de la consulta tripartita.

Desde 1995, varias estrategias y tácticas de la política holandesa sobre drogas han sido elaboradas con el objetivo de combatir problemas específicos, las cuales han incluido:

1. Un esfuerzo combinado para erradicar el éxtasis (2001).
2. El plan para combatir el tráfico de drogas en el aeropuerto Schiphol (2002).
3. El documento de la política del cannabis (2004).
4. La prescripción médica de la heroína (2009).
5. La política de la Oficina de la Policía y la Persecución Pública (2008-2012 y 2012-2016), la cual se concentra en las drogas y el crimen organizado.
6. La política en prevención contra las drogas, dirigida a la juventud y la vida nocturna (2015).
7. Las autoridades holandesas están convencidas de que la información sobre el consumo de drogas y los problemas relacionados con éstas es crucial para determinar y aplicar las políticas públicas de prevención y reducción de daños más adecuadas y eficientes.

Prevalencia y tendencias en el uso de drogas

El cannabis es la sustancia ilícita que consume con mayor frecuencia la población holandesa en general (15 a 64 años), seguida por el éxtasis y la cocaína. Sin embargo, es importante resaltar que el consumo de drogas ilegales se concentra entre los adultos jóvenes de 15 a 34 años.[5]

En Holanda, el consumo de sustancias de alto riesgo se relaciona con la heroína y la cocaína. Aunque entre 2007 y 2013 el número de usuarios de heroína que requieren tratamiento disminuyó, desde entonces se ha identificado una tendencia creciente (gráfica 16).

La tendencia indica que el mayor porcentaje de usuarios de cannabis, cocaína, heroína y anfetaminas que ingresan en un centro de tratamiento especializado son hombres (gráfica 17).

Gráfica 16. Usuarios de cannabis que ingresaron a tratamiento en Holanda

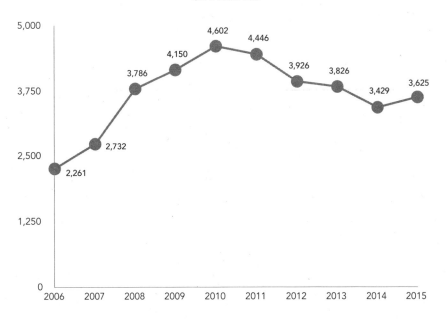

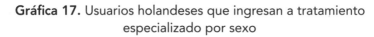

Gráfica 17. Usuarios holandeses que ingresan a tratamiento especializado por sexo

■ Hombres   ■ Mujeres

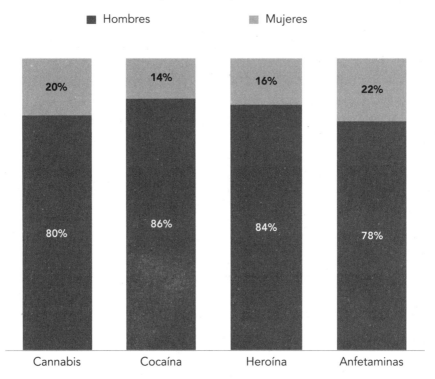

| Cannabis | Cocaína | Heroína | Anfetaminas |

En 2015, más de 31 mil personas recibieron tratamiento relacionado con drogas a nivel nacional. Alrededor de un tercio de los pacientes recibieron tratamiento por el consumo de cannabis, mientras que el segundo grupo más grande lo constituían los usuarios de opioides, seguido por los adictos a la cocaína.

Es importante mencionar que la estrategia holandesa de tratamiento por drogadicción pone especial énfasis en el empoderamiento del cliente o paciente, así como en su reintegración a la sociedad y la autorregulación.[6]

Los datos revelan que los niveles de incidencia de VIH, hepatitis B y hepatitis C, entre las personas que se inyectan drogas, han permanecido en niveles muy bajos. De acuerdo con lo anterior, la presencia de consumidores de drogas inyectables en los centros de tratamiento para VIH ha disminuido a través de los años (véase gráfica 18).

Gráfica 18. Diagnósticos de VIH atribuidos a la inyección de drogas en Holanda

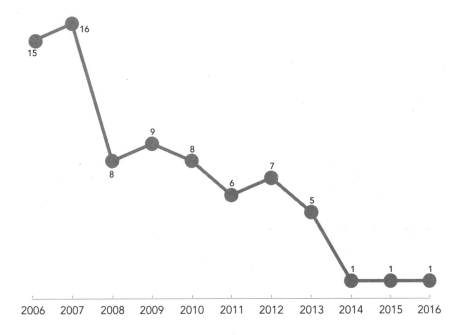

Sin embargo, es importante resaltar que en 2016 el registro general de mortalidad reportó a nivel nacional un aumento en el número de muertes inducidas por drogas (gráfica 19). La mayoría de las víctimas fueron hombres (77%) con una edad promedio de 41.5 años.[7] A pesar de esto, la tasa de mortalidad como consecuencia de las drogas entre adultos de 15 a 64 años fue de 18.84 muertes por cada millón de habitantes, la cual continúa por debajo de la media europea, que es de 21.8 muertes por cada millón de habitantes.

Gráfica 19. Muertes por uso de drogas en Holanda

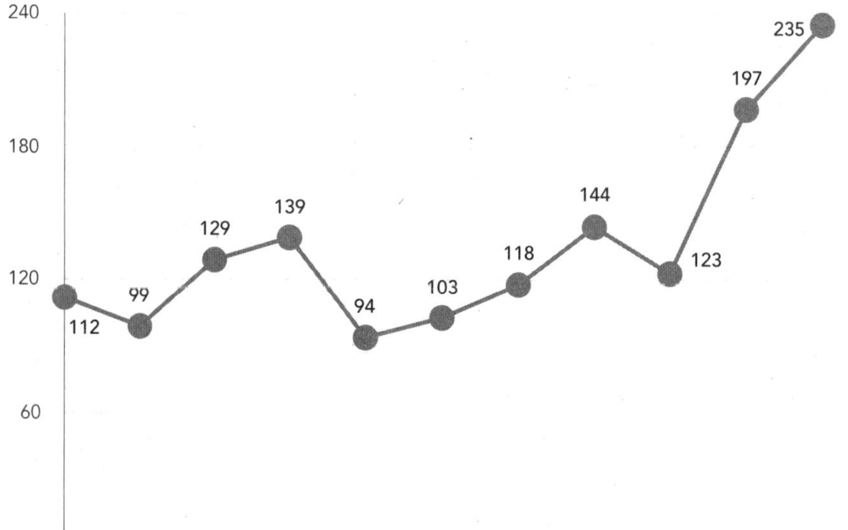

El modelo uruguayo, pionero de un nuevo paradigma

Uruguay es el primer país en legalizar y regular su mercado nacional de cannabis no médico en el mundo. El papel pionero que tienen las autoridades uruguayas en el escenario internacional, sus decisiones y experiencias, podrían fungir como un modelo importante para los legisladores de otros países que consideren regular el cannabis.

La ley uruguaya de control y regulación sobre la producción, adquisición, almacenamiento, comercialización y distribución de cannabis, promulgada el 20 de diciembre de 2013, expresa sus metas a través de tres objetivos principales:[8]

1. Reducir la violencia vinculada con las drogas por medio de la eliminación del cannabis del mercado negro.
2. Promover la salud pública mediante campañas de educación y prevención.
3. Eliminar la paradoja legal que permitía la posesión, pero bloqueaba el acceso al cannabis para los consumidores.

Tal como fue aprobada, la ley prohíbe el consumo de cannabis en espacios públicos cerrados donde también esté prohibido fumar tabaco; no permite la publicidad ni cualquier otra forma de promoción. Con este propósito, la ley creó un nuevo organismo regulador, encargado de supervisar su implementación: el Instituto para la Regulación y Control del Cannabis (IRCCA).

El IRCCA se diseñó con un enfoque especial para fomentar la cooperación entre diversas entidades estatales con responsabilidades vinculadas con la regulación del cannabis. Si bien el instituto está bajo el mando de la Junta Nacional de Drogas (JND), también lo respalda formalmente el Ministerio de Salud Pública. Además del presidente del IRCCA, la dirección del instituto está a cargo de representantes de los ministerios de Salud Pública, Desarrollo Social y de Ganadería, Agricultura y Pesca.

De acuerdo con la ley, existen tres métodos de acceso al cannabis:

1. Cultivo doméstico: los adultos pueden cultivar hasta seis plantas hembras floridas de cannabis por hogar,

Gráfica 20. Autocultivadores uruguayos por edad

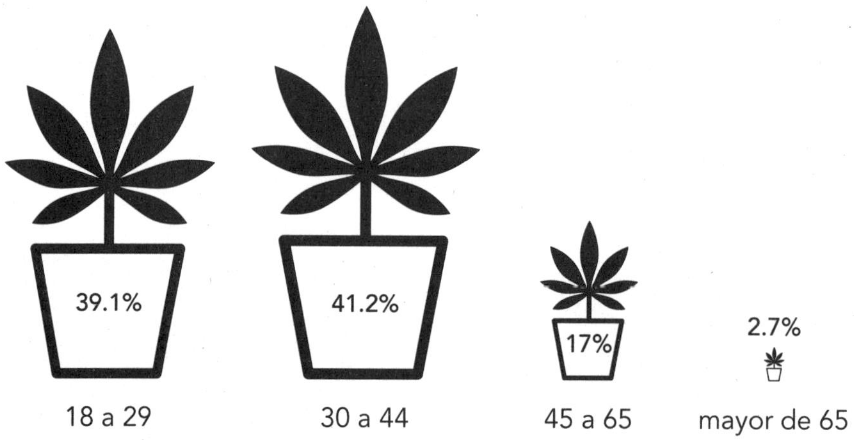

| 39.1% | 41.2% | 17% | 2.7% |
| 18 a 29 | 30 a 44 | 45 a 65 | mayor de 65 |

La gran mayoría de los autocultivadores en Uruguay tienen entre 18 y 44 años, lo cual se corresponde con la edad de consumo prevalente.

104

para el autoconsumo, siempre y cuando sus plantas hayan sido registradas ante las autoridades.[9] La evolución de la inscripción para autocultivo ha permanecido constante desde su inicio. En promedio, mensualmente se registra alrededor de 190 personas.

2. Clubes de membresía: los adultos pueden formar parte de cooperativas para cultivar cannabis en forma colectiva. Estos "clubes de cannabis" deben registrarse en el IRCCA y ante otras autoridades (deben tener entre 15 y 45 miembros).[10] Son 2,339 personas las que se encuentran registradas y habilitadas como miembros de los 91 clubes y 26 personas constituyen el promedio de integrantes de cada club.

3. Venta comercial: las personas registradas pueden comprar hasta 40 g por mes en los puntos de venta autorizados.[11] En el periodo de 2017 a 2018, se realizó un total de 191,696 transacciones de paquetes de cannabis de 5 g, lo cual suma 958,480 g vendidos.

La distribución de los adquirentes por edad muestra que la mayor proporción se concentra en el rango de 18 a 29 años, lo cual equivale a 49.1%. Por su parte, 33.5% tiene de 30 a 44 años, y el resto, 17.4%, es mayor de 45 años (gráfica 21).

Gráfica 21. Adquirentes uruguayos por rango de edad

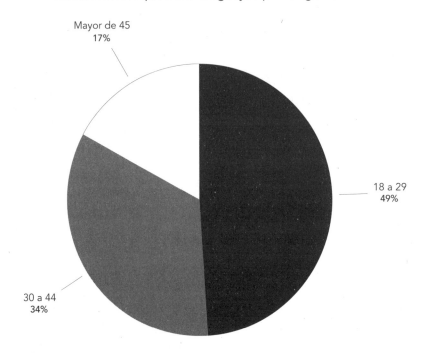

Hasta el día de hoy, hay 35,246 personas que están habilitadas para acceder a la marihuana de forma regulada. Alrededor de 24,324 personas conforman el registro de adquirentes en farmacias; 8,583 están registradas como autocultivadoras y 2,339 figuran como miembros de 91 clubes de membresía (véase gráfica 22).

Gráfica 22. Mercado regulado de cannabis en Uruguay

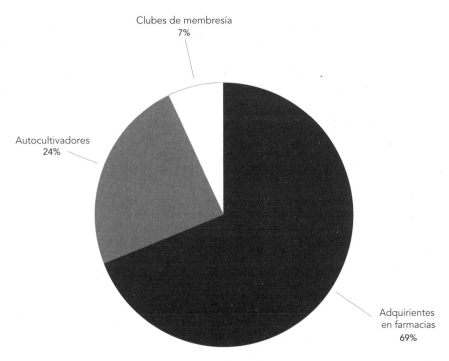

De acuerdo con los datos obtenidos en la VI Encuesta Nacional en Hogares sobre Consumo de Drogas se puede estimar que 147 mil personas de entre 18 y 65 años consumieron marihuana, por lo menos una vez, en los 12 meses previos a la fecha del estudio. Tomando en cuenta que no sólo aquellas personas que se han registrado acceden a la sustancia regulada, ya que alguien que sí está registrado se las proporciona; se puede sostener que a un año de la implementación, el mercado regulado alcanza 55% de los usuarios de marihuana. Es decir, aproximadamente la mitad de las personas que consumen marihuana acceden a cannabis regulado (esté o no registrado).[12]

Si bien el modelo uruguayo es pionero en la regulación y legalización de la marihuana recreativa, no sólo en la región, sino en el mundo, es verdad que desde que la ley entró en vigor no se ha puesto fin al mercado ilegal. Casi 50% de los consumidores siguen optando por el anonimato y los canales que están fuera de la ley para conseguir la hierba.

Sin embargo, es imposible negar que el cannabis regulado parece haber obstaculizado el mercado negro (uno de los principales objetivos de la legalización), lo cual evidencia que los primeros pasos han sido positivos.

El modelo canadiense, un nuevo paradigma en la política de drogas

Desde la perspectiva canadiense, el tráfico de drogas representa no sólo un problema de seguridad, sino una cuestión multifactorial que incluye aspectos socioeconómicos y de salud.

El 19 de junio de 2018, el Senado canadiense aprobó el proyecto de ley C-45, también conocido como el Acta del Cannabis.[13] Este proyecto surge como una promesa de campaña del primer ministro Justin Trudeau, con el objetivo de evitar que los jóvenes menores de 18 años tengan acceso al cannabis, proteger la salud y la seguridad pública estableciendo requisitos estrictos de seguridad y calidad del producto, así como disuadir la actividad delictiva al imponer sanciones penales graves a aquellos que operen fuera del marco legal.

Además, la ley tiene el fin de reducir la carga del sistema de justicia penal en relación con esta droga, al igual que prever la producción ilícita para desalentar las actividades ilegales mediante sanciones apropiadas y aumentar la conciencia pública sobre los riesgos para la salud asociados con el consumo de cannabis.

Al ser una ley que tiene como principal propósito disminuir el consumo de cannabis en los jóvenes, la ley prohíbe cualquier promoción, envasado y etiquetado que pueda fomentar el consumo de cannabis para la población canadiense.

Tabla 10. Sanciones penales en Canadá

OFENSA	SANCIÓN
Posesión por arriba del límite	Multa económica Hasta 5 años en prisión
Distribución o venta ilícita	Multa económica Hasta 14 años en prisión
Producir cannabis por arriba de los límites personales de cultivo o con solventes combustibles	Multa económica Hasta 14 años en prisión
Exportar cannabis fuera de las fronteras canadienses	Hasta 14 años en prisión
Dar o vender cannabis a un menor de 18 años	Hasta 14 años en prisión
Usar a un joven para cometer una ofensa relacionada con el cannabis	Hasta 14 años en prisión

Sin embargo, la ley permite que los consumidores tengan acceso a toda la información con el objetivo de que puedan tomar decisiones conscientes sobre el consumo de esta sustancia.

Después del alcohol, el cannabis es la segunda sustancia más utilizada por los jóvenes en Canadá. Más aún, de acuerdo con el *World Drug Report* (2017) de la UNODC, después de Estados Unidos, Canadá es uno de los países con mayor número de usuarios de cannabis en el mundo.[14]

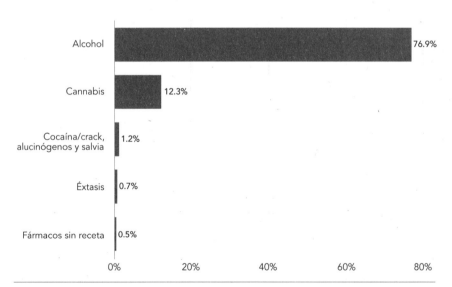

Gráfica 23. Sustancias más utilizadas por los jóvenes de 15 a 24 años en Canadá

Nótese que las dos sustancias más usadas, por mucho, son legales ahora. La prevalencia del alcohol es asimismo significativa.

Gráfica 24. Uso de productos de cannabis por género

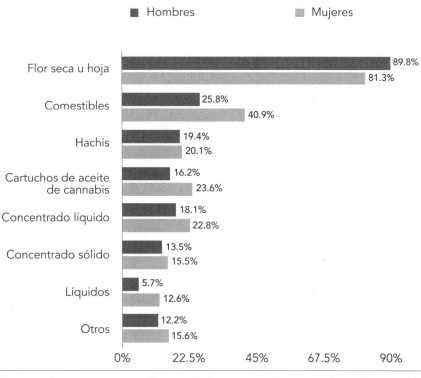

- ■ Hombres
- ■ Mujeres

Flor seca u hoja	89.8% / 81.3%
Comestibles	25.8% / 40.9%
Hachís	19.4% / 20.1%
Cartuchos de aceite de cannabis	16.2% / 23.6%
Concentrado líquido	18.1% / 22.8%
Concentrado sólido	13.5% / 15.5%
Líquidos	5.7% / 12.6%
Otros	12.2% / 15.6%

0% 22.5% 45% 67.5% 90%

De entre las personas que afirmaron haber consumido un producto de cannabis en el segundo trimestre de 2018, la mayoría utilizó la flor seca u hoja. Es notable que el resto de los productos tuvieron más consumo entre las mujeres; la diferencia es incluso significativa en el caso de los comestibles y los líquidos.

Finalmente, algo que resulta importante mencionar es que durante una encuesta nacional sobre el cannabis, se preguntó a los canadienses si creían que su comportamiento con respecto a la hierba de uso recreativo cambiaría una vez que se legalizara. De manera general, 82% dijo que era muy poco probable que probara el cannabis o aumentara su consumo como resultado de la legalización. Sin embargo, cuando se hizo la pregunta a consumidores actuales, se encontró que 28% probablemente aumentaría su consumo, esta cifra es cuatro veces mayor al porcentaje (6%) de aquellos que no consumen actualmente.

De esta manera, Canadá se convirtió en el primer país miembro del Grupo de los Siete (G7) —conformado por Alemania, Canadá, Estados Unidos, Francia, Italia, Japón y Reino Unido— en legalizar el cannabis con fines recreativos. Adicionalmente, la despenalización de la droga no sólo representa nuevos retos de implementación de los acuerdos internacionales antidrogas firmados por Canadá, sino que también lo consolida como un país innovador con respecto a su modelo, la creación de mercado y la investigación.

El modelo estadunidense, una industria en auge

Reducir la demanda de drogas en Estados Unidos es un tema transversal, el cual es la base de la estrategia del gobierno estadunidense, con el objetivo de reducir la amenaza de las drogas y sus consecuencias.

Actualmente, se puede usar cannabis medicinal en 29 de 50 estados de la Unión Americana. Se calcula que en 2017 el mercado potencial estadunidense alcanzó los 10 mil millones de dólares, lo cual representó un crecimiento de 34% respecto al año anterior.[15]

Mapa 3. Legislación sobre el cannabis en Estados Unidos

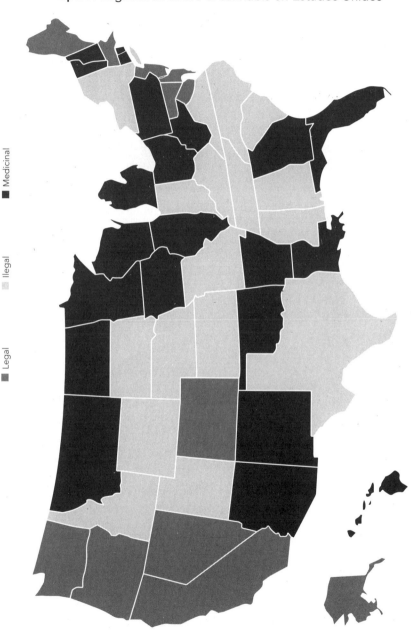

Medicinal

Ilegal

Legal

Gráfica 25. Mercado de la marihuana en Estados Unidos, 2016 y 2017 (millones de dólares)

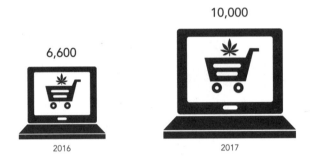

10,000

6,600

2016

2017

Gráfica 26. Población estadunidense según la situación legal en su estado

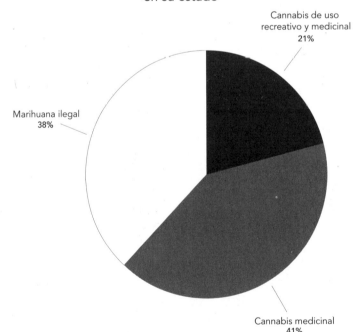

Cannabis de uso
recreativo y medicinal
21%

Marihuana ilegal
38%

Cannabis medicinal
41%

Adicionalmente, el apoyo hacia la legalización de la marihuana por parte de la población estadunidense se ha intensificado. Cerca de dos tercios de los estadunidenses están a favor de la legalización, y hasta hoy 62% vive en un estado que permite el consumo de marihuana para los ciudadanos mayores de edad (21 años).[16] A continuación se consignan los ocho estados y la capital del país donde el cannabis es legal tanto para fines medicinales como recreativos.[17]

1. Alaska. A inicios de 2015 se aprobó la legalización en este estado. Los mayores de 21 años pueden utilizar la planta de manera recreativa y llevar un máximo de 28 g. La primera tienda de marihuana se abrió a fines de octubre de 2016. Además, existen iniciativas para incluir las tiendas dentro del turismo local.
2. California. El 1 de enero de 2018 se legalizó la marihuana para su cultivo, consumo y comercialización; no obstante, desde 1996, el cannabis medicinal ya era legal. No fue hasta 2016 cuando se volvió legal llevar hasta 28 g.
3. Colorado. Junto con Washington, fue uno de los primeros estados en legalizar la marihuana para su uso recreativo en 2012. De hecho, hasta 2016 este estado contaba con más tiendas de marihuana que locales de Starbucks y McDonald's.[18]
4. Maine. Una iniciativa legislativa les dio el derecho a los locales de llevar hasta 70 g; sin embargo, la compra no está permitida. Desde 2017, el gobernador y los legisladores están en tentativas de crear un nuevo marco legal.

5. Massachusetts. En 2016, el estado permitió la posesión y uso de 28 g de marihuana y el cultivo de hasta 12 plantas por hogar. Sin embargo, sólo hasta noviembre de 2018 se abrieron las dos primeras tiendas de marihuana recreativa en Northampton y Leicester.

6. Nevada. Tanto locales como turistas mayores de 21 años pueden comprar hasta 28 g de marihuana o 3.5 g de comestibles o concentrados.[19] Cuando las ventas se legalizaron muchas tiendas agotaron sus suministros en dos semanas. No obstante, es importante saber que si uno desea cultivar sus plantas, debe vivir al menos a 40 kilómetros de distancia de una tienda de marihuana.

7. Oregon. Desde 2015, los habitantes están autorizados para poseer hasta 28 g y cultivar hasta cuatro plantas. Del mismo modo, es legal regalar comestibles, siempre y cuando se consuman en privado.[20]

8. Washington. Desde que se legalizó la marihuana con fines lúdicos, las ventas en este estado ascienden a más de mil millones de dólares. Los habitantes están autorizados para poseer 28 g de marihuana. Si quieren cultivar, sólo lo pueden hacer con propósitos medicinales.

9. Washington D. C. En noviembre de 2014, los habitantes de la capital estadunidense votaron para que se legalizara la marihuana con fines recreativos. Esta ley se aprobó en 2015 y permite la posesión de hasta 56 g y se pueden regalar hasta 28 g, siempre y cuando no haya un intercambio comercial de por medio.

California, un mercado millonario

California es el estado más grande de Estados Unidos en legalizar la venta de marihuana con fines recreativos, desde el 1 de enero de 2018.[21] La economía más grande de todos los estados en el país legalizó el consumo y comercio de marihuana, aunque con un reglamento estricto y negocios que cuentan con licencias de funcionamiento. Es importante resaltar que desde 1996 la venta y el consumo con fines medicinales son legales.

Según lo establece la ley de California, conocida como la Ley de Regulación y Seguridad sobre la Marihuana Medicinal y la Marihuana de Uso para Adultos,[22] los mayores de 21 años pueden consumir, poseer y cultivar marihuana. Asimismo, está permitido comprar marihuana sin una recomendación válida de un doctor o una tarjeta de identificación emitida por el condado para el uso de cannabis medicinal.

Existen cuatro preceptos: *1)* está prohibido conducir bajo los efectos de la droga; *2)* la cantidad máxima para portar es de 28 g; *3)* para hacer uso de la marihuana se tiene que cumplir con la mayoría de edad (21 años), *4)* no se puede fumar en público ni cerca de escuelas o parques infantiles.

Aunque no fue el primer estado en legalizar la marihuana con fines recreativos, en 2017, cuando todavía no contaba con ventas para dicho propósito, California representaba 34% de las ventas legales en Estados Unidos (gráfica 27). Las ventas se han duplicado desde que se legalizó la venta con fines recreativos a principios de 2018, pasando de 18 millones de dólares en enero a 37.5 millones de dólares en agosto, es decir, un crecimiento aproximado de 108 por ciento.

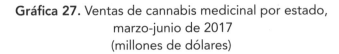

Gráfica 27. Ventas de cannabis medicinal por estado, marzo-junio de 2017 (millones de dólares)

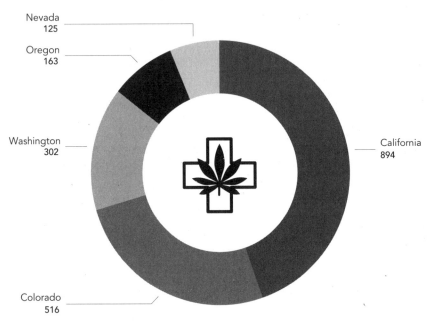

Nevada 125
Oregon 163
Washington 302
California 894
Colorado 516

Una de las principales promesas de los defensores de la legalización de la marihuana con fines recreativos tiene que ver con el potencial aumento en la recaudación de impuestos por parte de los gobiernos que la autorizan. El argumento es simple: en vez de quedarse en manos de organizaciones criminales, las ganancias de este comercio irían al gobierno para financiar escuelas, hospitales y otras necesidades públicas.

Algo evidente es que nada ha sido igual en California desde la apertura del comercio legal de marihuana, siendo un mercado que aporta millones de dólares de beneficio. Con la aplicación de esta norma, las administraciones locales esperan recaudar un promedio de 7,200 millones de dólares como resultado de los impuestos especiales, unas tasas similares a las que se les aplican al alcohol y al tabaco.[23]

En general, la medida ha sido bien recibida en California, incluso significó un impulso para que otros estados como Maine y Massachusetts legalizaran la venta recreativa de marihuana a lo largo de 2018.

Colorado, el primer modelo de legalización

Desde 2012, la Enmienda 64 de la Constitución de Colorado —que entró en acción en enero de 2014— legalizó la marihuana no medicinal para su uso recreativo en el estado para ciudadanos mayores de 21 años, como se detalla en la tabla 11.

Un informe de la organización Drug Policy Alliance de principios de 2018 titulado "De la prohibición al progreso: una exposición de Estado sobre la legalización de la marihuana", reveló que en Colorado la medida ha tenido un impacto positivo, ya que desde que se legalizó la marihuana, las detenciones y los procesos judiciales por la posesión, el cultivo y la distribución disminuyeron 49% en el periodo 2012-2013 (véase gráfica 28).[24]

Otro factor positivo es que el Estado ha recibido millones de dólares como resultado del pago de impuestos por la venta de marihuana, lo cual ha excedido sus estimaciones iniciales. Desde que las ventas comenzaron el 1 de enero de 2014, la marihuana ha generado casi 600 millones de dólares para el estado de Colorado (gráfica 29).

Tabla 11. Características de la ley en Colorado

Compra y venta	<ul><li>Se debe tener por lo menos 21 años: es ilegal para toda persona menor de esa edad comprar, poseer o consumir marihuana no medicinal.</li><li>Constituye un delito suministrar, vender o compartir marihuana con una persona menor de 21 años.</li><li>Se debe presentar una identificación válida para confirmar la mayoría de edad.</li><li>Límites para la compra:<ol><li>Únicamente se puede adquirir marihuana no medicinal en tiendas autorizadas.</li><li>Los adultos de Colorado pueden comprar y estar en posesión de hasta 28 g de marihuana a la vez.</li></ol></li><li>Límites para la venta:<ol><li>Sólo las tiendas autorizadas pueden vender productos de marihuana.</li><li>Los adultos pueden proporcionar hasta 28 g de marihuana a otro adulto, pero no venderla (esto incluye productos de cultivo personal).</li></ol></li></ul>
Uso y posesión	<ul><li>Las personas mayores de 21 años pueden poseer hasta 28 g de marihuana. La posesión de una cantidad mayor dará lugar a multas y acusaciones legales.</li></ul>

Uso y posesión (cont.)	• No está permitido consumir marihuana de ninguna manera (fumarla, ingerirla o inhalar su vapor) en lugares públicos:
	    1. Aceras
	    2. Jardines y parques de diversiones
	    3. Centros de esquí
	    4. Conciertos
	    5. Negocios
	    6. Restaurantes, cafeterías o bares
	    7. Áreas comunes en edificios de departamentos o condominios.
	• Es ilegal consumir en territorios federales, debido a que de acuerdo con las leyes federales la marihuana es ilegal.
	• Lugares en los que sí se puede consumir:
	    1. Propiedad privada, aunque los dueños pueden prohibir el consumo y posesión de marihuana dentro de sus inmuebles.
	    2. Los propietarios de hoteles pueden prohibir el consumo y la posesión en su propiedad, por lo tanto, puede ocurrir que no esté permitido consumir marihuana dentro de una habitación de hotel.
	• Pruebas de detección de drogas en el trabajo: los empleadores pueden realizar pruebas de detección de marihuana y tomar decisiones basadas en los resultados.

Gráfica 28. Tasa de arrestos por marihuana por cada 100 mil habitantes en Colorado

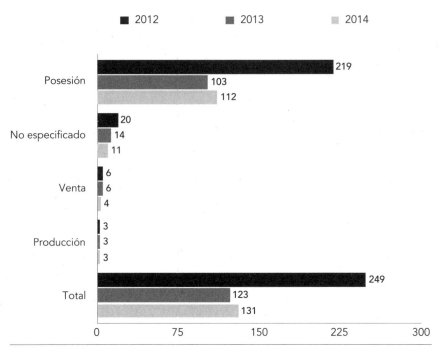

Finalmente, sería importante mencionar que el consumo de marihuana entre jóvenes no ha aumentado como consecuencia de la legalización, incluso permanece estable en comparación con los otros estados donde no se ha legalizado.

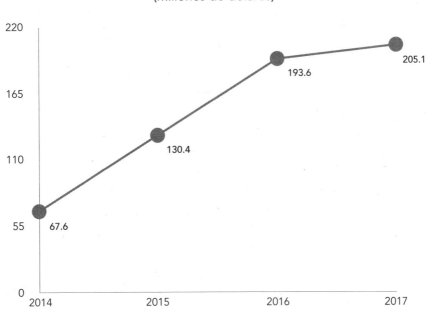

Gráfica 29. Ingresos por marihuana en Colorado
(millones de dólares)

El modelo suizo, una política de reducción de daños

La historia de la política de drogas en Suiza comenzó a finales de la década de 1960, con el incremento en el consumo de drogas psicoactivas. Como resultado, el gobierno desarrolló la primera política de drogas a partir de tres enfoques: *1)* la represión del uso y tráfico de drogas; *2)* medidas de prevención dirigidas a los jóvenes, y el *3)* tratamiento basado en la abstinencia, el cual desde ese entonces incluía los programas con metadona.

123

En la década de 1990, Suiza desarrolló nuevas medidas para reducir los problemas asociados con el consumo de drogas y adoptó una nueva estrategia nacional: introdujo un nuevo enfoque concentrado en la reducción de daños, lo cual llevó, en 1991, a la creación de una visión de cuatro frentes o pilares: prevención, tratamiento, control de daños y represión. Fue en 1994 cuando la prescripción de heroína por parte de los doctores para los adictos crónicos se introdujo por primera vez.[25]

1. Prevención: la población es educada con información por medio de programas de prevención. De este modo, el consumo de drogas se reduce. Las medidas de prevención tienen tres objetivos principales:

   a) Prevenir el consumo de drogas entre los individuos, sobre todo entre los niños y los jóvenes.
   b) Evitar los problemas y los efectos negativos relacionados con el consumo de drogas y su esparcimiento por la sociedad.
   c) Impedir que los individuos pasen del consumo casual de drogas al consumo dañino y, finalmente, a la adicción.

2. Tratamiento: las personas con desórdenes de adicción reciben cuidados médicos y psicológicos, esto puede incluir la prescripción de heroína, lo cual permite la reintegración de los adictos en recuperación a la sociedad y los lugares de trabajo.
3. Control de daños: con el objetivo de minimizar las consecuencias de salud y sociales negativas del consumo de drogas, el Estado provee servicios de emergencia

o el apoyo de instituciones privadas (la distribución de jeringas limpias está incluida en este servicio). La Oficina Federal de Salud Pública suiza apoyó varios proyectos de reducción de daños, entre los cuales se encuentran:

a) Intercambio de jeringas para adictos y presos.
b) Sitios de inyección.
c) Apoyo a las mujeres que se prostituyen con el objetivo de comprar drogas.
d) Servicios de consultoría para menores con padres adictos a las drogas.

4. Control y represión: las medidas que enmarcan el consumo de drogas ilegales reducen las consecuencias negativas del consumo de drogas dentro de la sociedad. Dichos métodos incluyen:

a) Atención en la ejecución de actividades de producción y tráfico de drogas, así como en el lavado de dinero.
b) Asignación de un mayor número de oficiales a la "policía de drogas" y un mayor uso de especialistas de otros sectores.
c) Cooperación internacional.
d) Aceleración y mejora del procesamiento de información.
e) Mayor vinculación entre la policía y el sector privado.
f) Mayor efectividad de la policía.
g) Fortalecimiento de la estructura legal.[26]

La política suiza se concentra en los aspectos de salud pública, derechos humanos e integración. Consecuentemente, el número de muertes relacionadas con las drogas ha ido disminuyendo en los últimos años (véase gráfica 30).

Aunque esta política no considera la despenalización total de las drogas, sí las trata con sanciones mucho menores y desde la idea de que un consumidor no tiene por qué ser calificado como un peligro para la sociedad.

Gráfica 30. Muertes relacionadas con las drogas en Suiza, 1993-2013

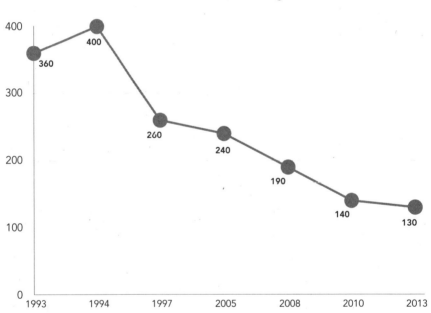

5
DISCUSIONES EN PROCESO

¿Se sumarán más estados en Estados Unidos?

A pesar de que en la Unión Americana ya hay diez estados —Colorado, Oregon, Washington, Alaska, Nevada, California, Massachusetts, Vermont, Maine y Michigan— donde la marihuana con fines recreativos es legal, aún continúa la carrera para legalizarla en otras entidades en el nivel federal.

Con otros tres estados que en 2017 anunciaron que buscarían la legalización, una legislación federal sobre el tema cada vez parece menos lejana.

Nueva York, una cuestión de meses

El gobernador Andrew M. Cuomo tiene la intención de convertir a Nueva York en el décimo primer estado en legalizar la marihuana recreativa, al anunciar que impulsará la legalización del uso adulto de la marihuana con fines recreativos, ya que podría generar más de 1 millón 700 mil dólares en ventas anuales, así lograría alinearse con los estados vecinos que ya han logrado legalizarla.[1]

Durante los últimos años, servidores públicos del estado

y la ciudad han avanzado hacia una posible legalización al llevar a cabo discusiones y reportes gubernamentales, los cuales han resultado en esfuerzos legislativos importantes para la elaboración de una ley.

Adicionalmente, de acuerdo con la encuesta realizada por la Universidad de Quinnipiac (publicada el 24 de enero de 2018), la gran mayoría del electorado en el estado de Nueva York está de acuerdo con la legalización de la marihuana y con la eliminación de las sanciones criminales por posesión (gráfica 31).[2]

Gráfica 31. ¿Usted apoya o se opone a permitir que los adultos en el estado de Nueva York posean legalmente cantidades pequeñas de marihuana para uso personal?

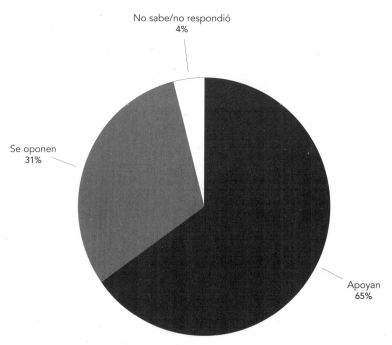

No sabe/no respondió
4%

Se oponen
31%

Apoyan
65%

Sería importante mencionar que el apoyo va más allá de cuestiones como la raza, el género o las demografías políticas y regionales, ya que los resultados de esta encuesta demostraron que todos los grupos encuestados están a favor de la legalización de la marihuana recreativa.[3]

Nueva Jersey, en la línea final

A pesar de que el gobernador del estado, Phil Murphy, prometió legalizar la marihuana en sus primeros 100 días de gobierno, hasta hoy no lo ha hecho. Esta situación, en parte, es resultado de la renuencia por parte de algunos legisladores del partido Demócrata, los cuales se han mantenido en contra de la legalización.[4]

De aprobarse el proyecto de ley presentado en el Senado del estado a finales de 2017, se "legalizaría la posesión y el uso de cantidades limitadas de marihuana […] y crearía un sistema organizativo y regulatorio para supervisar las operaciones de los negocios".[5]

Al igual que en el estado de Nueva York, los productos de marihuana serían gravados con un porcentaje de impuestos estatales, por lo que se podrían generar millones de dólares, así como crear miles de empleos como consecuencia de las ventas, producción y servicios relacionados.

En el contexto de este *boom* en ingresos fiscales, Nueva Jersey está especialmente interesado en ser el primer estado de la región en legalizar la marihuana debido a que los visitantes de otros estados viajarían ahí exclusivamente con la intención de comprar y consumir marihuana legal. El impulso de la industria turística podría parecerse al de Colorado, en donde la oficina estatal de turismo reportó que 17% de todos los visitantes durante 2017 gastaron 287 millones de dólares en el turismo de marihuana.[6]

Illinois, necesidad de una mejor legislación para el cannabis medicinal

Con la llegada del nuevo gobernador, J. B. Pritzker, toda la atención se encuentra concentrada en su plan para legalizar la marihuana con fines recreativos. Sin embargo, la implementación podría tomar más de un año. Así que hasta el momento la prioridad para los activistas del estado de Illinois es aumentar el acceso al cannabis para aquellos que lo requieren por razones médicas.[7]

Desde 2015, las autoridades del estado han permitido la venta de cannabis a los pacientes que califican con cualquiera de las 40 condiciones médicas serias específicas, como el cáncer y la esclerosis múltiple.

Más aún, un estudio del Illinois Economic Policy Institute y la Universidad de Illinois determinó que la legalización de la marihuana podría crear hasta 24 mil empleos y generar más de 500 millones de dólares en ingresos fiscales, así como infundir aproximadamente mil millones de dólares en la economía del estado para 2020 (tabla 12). No obstante, es relevante mencionar que uno de los grupos opositores más importantes a la legalización de la marihuana es la iglesia católica de Illinois.[8]

Tabla 12. Ingresos fiscales estimados por la legalización
de marihuana recreativa en Illinois, para 2020

VENTAS ESTIMADAS, TASA TRIBUTARIA E INGRESOS FISCALES ESPERADOS	ESTIMACIÓN ANUAL
Total de ventas de marihuana estimadas	$1,616.20 millones
Impuesto al consumo de marihuana en el estado de Illinois (propuesto)	26.25%
Impuesto a las ventas: participación del estado	5.00%
Impuesto a las ventas: participación local	1.25%
Total de impuestos estatales recaudados	$505.06 millones
Total de impuestos locales recaudados	$20.20 millones

Nueva Zelanda: ¿una decisión de los ciudadanos?

A finales de 2017, el ministro de Justicia de Nueva Zelanda, Andrew Little, confirmó que el país llevará a cabo un referéndum para legalizar el consumo de cannabis para uso recreativo en 2020. La celebración ocurrirá de cara a las elecciones previstas para ese mismo año, la cual forma parte del acuerdo entre los laboristas y los verdes. [9]

Del mismo modo, el gobierno de la primera ministra laborista, Jacinda Ardern, ya comenzó a realizar los trámites para legalizar el cannabis con fines medicinales.

Adicionalmente, de acuerdo con una encuesta publicada en 2017, 65% de los neozelandeses está a favor de la marihuana con fines recreativos.[10]

131

Aunque en México las consultas ciudadanas y los referéndums todavía son algo nuevo, el ejemplo neozelandés podría ser el camino adecuado a seguir para la legalización de la marihuana con fines recreativos. Sería importante esperar los resultados del referéndum en Nueva Zelanda.

Tailandia, el primer país en la región

En diciembre de 2017, el parlamento interno de Tailandia votó para permitir el uso de cannabis medicinal, convirtiéndose así en el primer país del sudeste asiático en legalizar el consumo con esos fines.

La legislatura tailandesa acordó modificar las leyes nacionales con el objetivo de legalizar el uso médico de esta planta y del kratom, una hierba local usada tradicionalmente como estimulante y analgésico.[11] La nueva ley legaliza la producción, importación, exportación, posesión y uso del cannabis y del kratom para fines médicos.

No obstante, sería relevante mencionar que el uso recreativo de ambas sustancias sigue siendo ilegal y castigable con multas, las cuales dependen de la cantidad de la droga en cuestión.

Israel, líder en el mercado de exportaciones

En 2017, el parlamento de Israel aprobó una polémica ley que permitirá las exportaciones de cannabis con fines medicinales, una medida que probablemente incrementará de manera importante los ingresos estatales.[12]

Derivado de un clima favorable y de su experiencia en

tecnologías médicas y agrícolas, las compañías israelíes están posicionadas entre las mayores productoras de cannabis con fines medicinales del mundo. Hay ocho empresas de cultivo de cannabis israelíes, y varias ya han tenido que abrir granjas en el extranjero para entrar en el mercado internacional.

Más aún, los ministerios de Finanzas y Salud estiman que las exportaciones de cannabis podrían aumentar los ingresos fiscales en hasta mil millones de séqueles al año, cantidad equivalente más o menos a 230 millones de euros. Finalmente, el proyecto de ley impone una estricta regulación a los exportadores que contempla penas de cárcel y multas importantes en caso de incumplimiento.

6
México: la irrupción del Poder Judicial

Frente al letargo del Poder Legislativo, el fallo de la Suprema Corte de Justicia de la Nación representa una decisión histórica que abre la puerta a la legalización de la marihuana en México. Respecto a esta problemática, la corte ha argumentado: "El derecho fundamental al libre desarrollo de la personalidad permite que las personas mayores de edad decidan —sin interferencia alguna— qué tipo de actividades lúdicas desean realizar".[1]

Desde noviembre 2015, cinco personas han obtenido un permiso para consumir marihuana legalmente con fines recreativos, frente a las 389 solicitudes que ha recibido la Cofepris; mientras que quienes importan medicamentos derivados del cannabis, consideran que las legislaciones actuales y 266 permisos de importación no garantizan el abasto justo que requieren.

Sin embargo, la existencia de estos precedentes iniciará el proceso para declarar inconstitucional la Ley General de Salud. A continuación se hace un breve resumen de los cinco amparos presentados, así como las resoluciones de la Suprema Corte.

La historia del litigio estratégico

La historia de los litigios estratégicos sobre cannabis comienza con un grupo de amigos, estudiantes de derecho del Instituto Tecnológico Autónomo de México (ITAM). El grupo de jóvenes abogados, integrado por Andrés Aguinaco Gómez Mont, Paula Méndez Azuela y Moisés Schwartzman Reznik, fundó el Centro Estratégico de Impacto Social (CEIS), enfocado en litigio estratégico y promoción de derechos humanos. Tras unas cuantas experiencias en litigio estratégico (algunas más afortunadas que otras), este grupo de amigos centró sus esfuerzos en el conflicto de la guerra contra las drogas y la política prohibicionista. Era suficiente ver las imágenes que circulaban en periódicos y noticias para darse cuenta de que la violencia cada día se generalizaba y normalizaba más, y que no eran las drogas las que estaban matando, sino la estrategia particular para combatirlas. Así lo cuenta Andrés Aguinaco:

> El CEIS decidió contribuir a la causa de reformar la política de drogas. Desde nuestra perspectiva, el litigio estratégico podía ser una herramienta para que el Poder Judicial se involucre en las difíciles decisiones para atender la crisis humanitaria. Deberíamos llevar el debate del ámbito meramente político al de derechos humanos. Así es como decidimos demandar al gobierno mexicano por las violaciones de derechos humanos connaturales en la política prohibicionista.
>
> Unos meses después, la vida me sentó en una conferencia con un ponente muy particular: Juan Francisco Torres Landa. El abogado expuso un abanico de razones por las cuales la política de drogas en México tenía que

cambiar para deshacernos de la guerra librada por el gobierno federal. No tardé mucho en darme cuenta de que por fin habíamos encontrado a nuestros aliados de lucha: México Unido Contra la Delincuencia (MUCD). Los integrantes de MUCD eran los quejosos perfectos para nuestras demandas. Eran profesionistas exitosos, padres de familia, cincuentones y sesentones, ciudadanos mexicanos, respetables y activos en la sociedad. Justo lo contrario a los prejuicios existentes en torno a los consumidores de cannabis. Intercepté a Juan Francisco después de la conferencia y le expliqué el proyecto que teníamos para impugnar la política prohibicionista. Juan Francisco accedió a que trabajáramos juntos.

A través de una estrategia de ataque basada en derechos humanos, buscaríamos provocar un pronunciamiento de la Suprema Corte de Justicia de la Nación respecto a la constitucionalidad de la política prohibicionista del cannabis. En este terreno judicial, no cabrían los argumentos políticos y prudenciales de siempre. Si bien hubo notables aliados en el servicio público, especialmente en el Poder Legislativo, en diputados y senadores como Armando Ríos Piter, Vidal Llerenas y Fernando Belaunzarán, ahora era momento de que las autoridades justificaran oficialmente ante el Poder Judicial las razones para la existencia de la política prohibicionista desde una perspectiva de derechos humanos.

A principios de 2013, como parte de la estrategia de litigio, creamos la Sociedad Mexicana de Consumo Autorregulado y Sustentable (SMART) junto con Josefina Ricaño Bandala, Armando Santacruz González, José Pablo Girault Ruiz y Juan Francisco Torres Landa Ruffo. A través de SMART, nos propusimos crear un respaldo institucional que tuviera por objeto apoyar a los quejosos durante el proceso.

Durante meses preparamos una demanda de amparo que expusiera las principales violaciones de derechos humanos de la política prohibicionista y preparamos el momento ideal para demandar al Estado mexicano. Presentamos cinco solicitudes a la Cofepris para la autorización de la siembra, cultivo, cosecha, consumo personal y transporte de cannabis. Esa autoridad, encargada de la protección contra riesgos sanitarios y emisión de las autorizaciones relativas a estupefacientes y psicotrópicos, como era de esperarse, negó la solicitud y allanó el terreno para la demanda. No pudo ser mejor: la Cofepris nos había aplicado exactamente los artículos de la Ley General de Salud para los que teníamos la demanda de amparo preparada. Hicimos unos pequeños ajustes en los escritos y promovimos la demanda de amparo.

Después de tres años en el litigio en diversas instancias judiciales, el caso estaba por resolverse en la Primera Sala de la Suprema Corte de Justicia de la Nación bajo la ponencia del ministro Arturo Zaldívar Lelo de Larrea. El 5 de noviembre de 2015, por cuatro votos a uno, la corte resolvió por primera vez que la política prohibicionista violaba derechos humanos. Votaron por la inconstitucionalidad de la política prohibicionista los ministros Arturo Zaldívar Lelo de Larrea, Alfredo Gutiérrez Ortiz Mena, José Ramón Cossío Díaz y la ministra Olga Sánchez Cordero Dávila. Por primera ocasión en México, cuatro personas, en mayoría de edad, podían legalmente realizar todas las conductas tendientes al uso personal de cannabis. La Corte amparó a Josefina Ricaño Bandala, Armando Santacruz González, José Pablo Girault Ruiz y Juan Francisco Torres Landa Ruffo.

Tras la primera sentencia, inmediatamente nos hicimos a la tarea de replicar y mejorar la estrategia para así, eventualmente, generar una jurisprudencia sobre la materia. El mismo grupo de abogados entablamos los demás litigios que llegarían a la Suprema Corte sobre el mismo tema. En el camino tuvimos que lidiar con toda suerte de artilugios y embates legales dispuestos desde las más altas esferas del Ejecutivo federal para bloquear nuestro avance. Esta vez no tomábamos a nadie por sorpresa.

Casi tres años después, el 31 octubre de 2018, nos sentamos en esa misma Primera Sala de la Suprema Corte de Justicia a presenciar cómo se resolvían los asuntos cuarto y quinto sobre la misma materia. Con la quintilla de asuntos consecutivos en el mismo sentido, se integró una jurisprudencia. Como consecuencia, se obligaría a todos los jueces y magistrados del país a resolver que la prohibición del uso personal de cannabis es inconstitucional.

El legado del caso de SMART no se ha acabado de escribir, pero podemos aventurarnos a decir que los litigios han contribuido a replantear la política prohibicionista y punitiva contra las drogas. Las consecuencias de las sentencias de la Suprema Corte han creado mayor apoyo de la opinión pública para la regulación del cannabis.

Amparo 547/2014 (cuatro activistas y SMART)

El 4 de noviembre de 2015, con cuatro votos a favor y uno en contra, los ministros de la Suprema Corte aprobaron un proyecto realizado por Arturo Zaldívar Lelo de Larrea, quien concluyó que la prohibición total sobre la producción de la marihuana es anticonstitucional, debido a que atenta contra el libre desarrollo de la personalidad. Es decir, el uso de la marihuana con fines recreativos tuvo luz verde en México.[2]

El amparo[3] fue promovido por cuatro activistas y por SMART, los cuales buscaban el permiso para el uso recreativo o lúdico de la marihuana. No obstante, la decisión no conlleva la legalización de la marihuana en México, debido a que el amparo simplemente beneficia a las personas que lo promovieron. Aunque se prevé que esto abra el camino para recursos parecidos que tomarán el primer amparo como precedente.

El proyecto surgió como resultado de solicitudes de diversas personas a la Cofepris con el objetivo de conseguir autorización para consumir marihuana de forma regular y personal con fines lúdicos o recreativos y realizar las actividades relacionadas con el autoconsumo —siembra, cultivo, cosecha, preparación, posesión, transporte y, en general, todo lo que concierne el consumo lúdico y personal del cannabis—, aclarando que dicha petición excluye de manera expresa "los actos de comercio, tales como la distribución, enajenación y transferencia de la misma".[4]

De ese modo, es importante aclarar que el fallo de la Suprema Corte no implica que haya libertad para la comercialización, consumo o legalización de la marihuana. Como mencionó el presidente Peña Nieto en su momento, la resolución de la corte "no abre de ninguna manera ni significa legalizar el consumo de la marihuana, ni significa la comercialización ni trasiego de la misma".[5]

Amparo 1115/2017 (Ulrich Richter)

La Primera Sala de la Suprema Corte otorgó su visto bueno a un segundo amparo para el uso recreativo de la marihuana en abril de 2017. En esta ocasión, la protección del amparo fue para el abogado Ulrich Richter, quien solicitó a la Cofepris autorización para consumir marihuana con fines recreativos, tanto regular como personal, así como la facultad para sembrar, cultivar, cosechar, preparar, poseer, transportar; siempre y cuando estas actividades sean realizadas sin ningún fin comercial o de distribución.[6]

El ministro Pardo Rebolledo, ponente del proyecto, fue el único que votó en contra, por considerar que el demandante no tenía acceso legal a semillas de marihuana. Sin embargo, el proyecto aprobado ampara y protege a Ulrich Richter en contra de la expedición y promulgación de los artículos 235, 237, 245, 247 y 248 de la Ley de la Salud.[7]

A pesar de esto, es esencial resaltar que esta decisión no implica la legalización de la marihuana en el país.

Amparo 623/2017 (Armando Ríos Piter)

En junio de 2017, la Suprema Corte me concedió el tercer amparo para consumo lúdico de la marihuana. A diferencia de los dos primeros amparos concedidos, la nueva resolución emitida por la Primera Sala definió que la Cofepris debería expedir un permiso para "adquirir la semilla, sembrar, cultivar, cosechar, preparar, poseer y transportar"[8] el cannabis.

De este modo, el fallo determinó que correspondería a esta misma comisión determinar en dicha autorización la modalidad y cantidad máxima de adquisición de semillas de la planta referida. Por ejemplo, a través del otorgamiento de permisos especiales y tenedores legales con los controles administrativos adecuados

Es importante subrayar que en esta tercera ocasión la corte declaró inconstitucional la prohibición absoluta para el autoconsumo con fines lúdicos o recreativos de la marihuana por considerarla desproporcionalmente injustificada.

"La Ley General de Salud es inconstitucional en lo relativo a que restringe de manera desproporcionada el consumo de la marihuana, pero por primera ocasión en la resolución también se establece que es desproporcionado que la ley no permita la adquisición de la semilla", explicó Luz Elena Orozco y Villa, secretaria de estudio y cuenta de la ponencia del ministro José Ramón Cossío Díaz, quien se encargó de la elaboración del proyecto del fallo.[9]

Finalmente, la votación para aprobar el fallo fue de cuatro posturas a favor y únicamente una en contra, la del ministro Jorge Mario Pardo Rebolledo, quien en varias ocasiones ha declarado que no existe claridad sobre la legalidad del origen de la semilla con la que los beneficiados por el amparo ejercerán su derecho para consumir marihuana.

Amparo 1163/2017 (Zara Ashley Snapp Hartman, María Teresa Cecilia Autrique Escobar y Fernando Ramos Casas)

En junio de 2018, la Suprema Corte otorgó el cuarto amparo para que tres personas más tengan la facultad de cultivar y consumir la planta de manera lúdica.[10] En esta ocasión, la Segunda Sala concedió un amparo para que particulares puedan importar semillas de marihuana u obtenerlas para cosechar y consumir de manera personal con fines recreativos o lúdicos.

Sólo faltaba un amparo, de los cinco necesarios, para que el consumo lúdico de cannabis sentara jurisprudencia, es decir, para que cualquier ciudadano tenga el derecho de solicitar a la Cofepris los permisos correspondientes para el uso de esta planta.

Asimismo, en esta resolución la corte se basó en la violación de la Cofepris al derecho de libre desarrollo de la personalidad, al negarlo a Zara Ashley Snapp Hartman y las otras dos personas, María Teresa Cecilia Autrique Escobar y Fernando Ramos Casas, las cuales interpusieron el amparo, al consumo de marihuana regular, de forma personal y con fines meramente recreativos y lúdicos, así como la siembra, el cultivo, la preparación y la portación de la planta.[11]

La resolución del amparo incluyó la posibilidad de importar semillas de marihuana o adquirirlas de proveedores que previamente hayan sido autorizados por la Cofepris. Sin embargo, al igual que los amparos anteriores, no incluye el recurso de comercialización de la marihuana, sino que se reduce al autoconsumo de los beneficiados.[12]

Amparos 547/2018 y 548/2018

El 31 de octubre de 2018 la Primera Sala resolvió dos asuntos sobre consumo personal de cannabis, bajo las ponencias de la ministra Norma Lucía Piña y el ministro Arturo Zaldívar, respectivamente. Con estos dos casos se cumplieron las condiciones constitucionales necesarias para integrar una jurisprudencia que obliga a todos los jueces y magistrados del país a proceder en el mismo sentido, es decir, ninguno podrá negar los derechos humanos de los consumidores de marihuana y sus allegados.

Además de las implicaciones para los usuarios mexicanos, este hecho tiene consecuencias sobre la política de drogas.[13] Al igual que con los amparos anteriores, aunque se autoriza la siembra y el consumo, la jurisprudencia plantea que los consumidores no podrán vender ni distribuir el cannabis a terceras personas.[14] Los artículos invalidados, argumentan los ministros, "violan los derechos humanos a la dignidad, pluralismo, personalidad, propia imagen, libertad personal y corporal".[15]

Finalmente, con esta decisión, todo aquel ciudadano que esté interesado en cultivar y consumir marihuana de uso recreativo o lúdico podrá solicitar un permiso a la Cofepris. De esta manera, si la dependencia lo niega, se podrá recurrir a un amparo y cualquier juez deberá resolver a favor.

Recapitulando: el fallo de la Suprema Corte

En octubre de 2018, la Suprema Corte otorgó dos amparos con los que estableció jurisprudencia para que cualquier ciudadano que pida un permiso al gobierno federal tenga la facultad de cultivar y consumir marihuana con fines recreativos.

De esta manera, con un total de cuatro votos a favor y uno en contra, el pleno de la Primera Sala del alto tribunal avaló ambos proyectos, los cuales presentaron los ministros Norma Lucía Piña Hernández y Arturo Zaldívar. Con esta decisión, la corte confirmó por quinta vez la inconstitucionalidad a la prohibición absoluta del consumo recreativo de la marihuana.

A partir de este momento, cualquier persona podrá consumir marihuana con fines recreativos, con la autorización de la Cofepris. Sin embargo, es importante aclarar que los consumidores tienen prohibida la venta y distribución a terceros, ya que dicha declaratoria de inconstitucionalidad no implica en ningún caso autorización para realizar actividades de comercio, suministro o cualquiera otra que esté relacionada con la enajenación y distribución de la sustancia.

La Primera Sala sostuvo que el derecho fundamental al libre desarrollo de la personalidad permite que las personas mayores de edad tengan la facultad de decidir, sin interferencias, qué clase de actividades lúdicas desean realizar, así como proteger todas las acciones necesarias para materializar esa elección.

Así, la corte ha resuelto cinco amparos relativos al consumo de marihuana con fines lúdicos y recreativos, lo cual permitió integrar jurisprudencia. Es decir, que autorizó el consumo personal de marihuana con fines lúdicos y recreativos sólo para quien tramite un juicio de amparo.

Del mismo modo, la Cofepris debe determinar los lineamientos y las modalidades para otorgar los permisos.[16] En cualquier caso, la negativa de la comisión de dar permisos a las personas mayores de edad para el autoconsumo de cannabis violaría el derecho al libre desarrollo de la personalidad.[17]

La corte no autorizó la comercialización, suministro, enajenación o distribución de cannabis, ni el consumo de otros estupefacientes y psicotrópicos. De la misma forma, la SCJN tampoco se pronunció sobre la despenalización de la marihuana.

Tabla 13. Los amparos resueltos por la Primera Sala

Qué sí resolvió	Qué no resolvió
• La corte autorizó el consumo personal de marihuana con fines lúdicos y recreativos sólo para quien tramite un juicio de amparo. • La Cofepris debe determinar los lineamientos y modalidades para otorgar los permisos.	• La corte no autorizó la comercialización, suministro, enajenación o distribución de cannabis. • No se autorizó el consumo de otros estupefacientes y psicotrópicos. • La corte tampoco se pronunció sobre la despenalización de la marihuana.
La negativa de la Cofepris de dar permisos a las personas mayores de edad para el autoconsumo de cannabis viola el derecho al libre desarrollo de la personalidad.	
Este derecho no podrá ejercerse frente a menores de edad ni en lugares públicos donde se encuentren terceros que no hayan brindado su autorización.	

ARTÍCULOS DE LA LEY GENERAL DE SALUD QUE SE DECLARARON INCONSTITUCIONALES				
235 Último párrafo	237	245 Fracción I	247 Último párrafo	248

¿En qué consiste exactamente este fallo y qué repercusiones puede tener?

1. Jurisprudencia: la última decisión del máximo tribunal de México invalida total o parcialmente cinco artículos de la Ley de Salud, los cuales prohíben actividades relacionadas con el uso personal o consumo del cannabis, como sembrar, cultivar, cosechar, preparar, poseer, transportar, entre otras.[18]

2. El turno del Poder Legislativo: esta decisión, al mismo tiempo, obliga al Congreso a modificar la legislación respectiva al cultivo y consumo de la marihuana.

3. La oposición: no obstante, no todos están de acuerdo con la estrategia del gobierno. Algunas organizaciones civiles como la Unión Nacional de Padres de Familia (UNPF) y la Comisión Mexicana de Derechos Humanos han advertido que legalizar la producción de marihuana es el camino equivocado, ya que consideran que esto aumentará el consumo, especialmente en menores de edad.[19]

Finalmente, a partir del 25 de febrero de 2019, el órgano supremo de justicia determinó que será obligatorio para todos los jueces otorgar amparos a quienes deseen fumar marihuana. De esta manera, se publicaron en el *Semanario Judicial de la Federación* ocho tesis de jurisprudencia sobre el uso lúdico del cannabis, en las que se determinó que su prohibición es inconstitucional.[20]

A continuación, se presentan los criterios de las ocho tesis presentadas por la Suprema Corte de Justicia de la Nación:

1. La prohibición absoluta no es una medida proporcional para proteger la salud y el orden público.
2. Prohibición absoluta de la marihuana con fines constitucionalmente válidos.
3. Inconstitucionalidad de la prohibición absoluta.
4. Derechos de terceros y orden público.
5. Derecho a la protección de la salud.
6, 7 y 8. Derecho al libre desarrollo de la personalidad en diferentes temas.

Así, los ministros de la Primera Sala resaltaron que la prohibición del consumo de la marihuana no es una medida proporcional para proteger la salud y el orden público, señalando incluso que su penalización vulnera el libre desarrollo de la personalidad.

7
La legalización del cannabis: debates y desafíos para México

———

Con base en la serie de debates expuestos, se evidencia un cambio de paradigma en la política prohibicionista de drogas, no sólo en el seno de los países desarrollados, sino en el resto del mundo.

Es claro que México no puede quedar al margen, considerando la relación intrínseca determinada por la geografía y los factores políticos, económicos y sociales que lo hacen parte de la compleja región de América del Norte.

La mayoría de la marihuana producida en México tiene como objetivo los mercados de Estados Unidos y Canadá. A pesar de esto, la política prohibicionista de México se ha atrasado con respecto a sus vecinos del norte. Como se mencionó anteriormente, desde noviembre de 2012 los estados de Washington y Colorado, en Estados Unidos, aprobaron la legalización de la marihuana para uso recreativo. De esta manera, en 2014, Colorado se convirtió en el primer estado donde se comercializa de forma legal el cannabis y sus derivados.

Con dos de los principales mercados en el continente legalizando el consumo y la producción de la marihuana, parecería una contradicción que se mantuviera la prohibición en el territorio nacional. Estados Unidos y Canadá no sólo cuentan con una mayor demanda, sino que la comercialización y el pago de impuestos de los productos son una fuente de ingresos adicional importante para el gobierno, que se pueden destinar a los sistemas de salud, y no a los de seguridad.

La política prohibicionista y el esquema punitivo con el que se ha manejado la cuestión en los últimos doce años brindan un panorama poco alentador. Las olas de violencia en muchas de las entidades del país y un aumento en el consumo y el tráfico ilícito son algunas pruebas del fracaso en que se encuentra la estrategia actual, así como de la necesidad de cambiarla.

El marco regulatorio nacional actual aplicable a la marihuana

México es el principal exportador de marihuana al país con el índice de consumo de drogas más alto, Estados Unidos, lo cual lo convierte en uno de los exportadores de esta planta más importantes a escala mundial.[1]

Desde 2006, el Poder Ejecutivo federal impulsó una serie de políticas de seguridad nacional para combatir el tráfico de drogas, lo que ha resultado en más de 300 mil muertes de civiles, sicarios, agentes militares y policiacos, entre otros.[2] Del mismo modo, esta situación ha traído un retroceso económico significativo y también ha repercutido en todas las actividades de la sociedad mexicana.

Sin embargo, también como país consumidor tenemos la necesidad de un marco legislativo regulador del consumo, la venta, la producción, el transporte y el cultivo de esta droga. En México, la Ley General de Salud y el Código Penal Federal tienen esta función.

México tiene una política legislativa prohibicionista en materia de drogas, es decir, sanciona con penas de prisión la producción, procesamiento, venta y posesión.[3] De la misma forma, se castiga el financiamiento para cualquier actividad relacionada con el tráfico ilícito de estos estupefacientes y psicotrópicos, la conversión o transferencia de fondos que provengan de esa actividad (lavado de dinero), así como el ocultamiento o encubrimiento de los bienes que produzca.

Este marco regulatorio deriva, en gran parte, de los convenios internacionales en la materia que el Estado mexicano ha firmado, que se resumen en la tabla 14.

Tabla 14. Convenios internacionales firmados por México

CONVENIO	FECHA	LUGAR	OBSERVACIONES
Convención para la Supresión del Tráfico Ilícito de Estupefacientes Nocivos y Protocolo de firma	26 de junio de 1936	Ginebra, Suiza	Modificada por el Protocolo que Enmienda los Acuerdos, Convenciones y Protocolos sobre Estupefacientes, concertados en La Haya, el 23 de enero de 1912, en Ginebra el 11 de febrero de 1925 y el 13 de julio de 1931, en Bangkok el 27 de noviembre de 1931 y en Ginebra el 26 de junio de 1936, adoptado en Lake Success el 11 de diciembre de 1946.
Convención Única de 1961 sobre Estupefacientes	30 de marzo de 1961	Nueva York, Estados Unidos	

Protocolo de Modificación de la Convención Única de 1961 sobre Estupefacientes	25 de marzo de 1972	Ginebra, Suiza	
Convenio sobre Sustancias Sicotrópicas	21 de febrero de 1971	Viena, Austria	
Convención de las Naciones Unidas contra el Tráfico Ilícito de Estupefacientes y Sustancias Sicotrópicas	20 de diciembre de 1988	Viena, Austria	En términos del artículo 3 de esta Convención, dedicado a los "Delitos y sanciones", si bien los Estados firmantes se obligan a tipificar como delito la posesión, la adquisición o el cultivo de estupefacientes o sustancias sicotrópicas —aun para el consumo personal— se señala que en los casos de infracciones de carácter menor podrán sustituir la declaración de culpabilidad o la condena por la aplicación de otras medidas tales como las de educación, rehabilitación o reinserción social, así como cuando el delincuente sea un toxicómano, de tratamiento y postratamiento.

Esta última Convención de las Naciones Unidas contra el Tráfico Ilícito de Estupefacientes y Sustancias Sicotrópicas, por ser la más reciente, concentra la última política internacional en la materia y comprende múltiples disposiciones de control y sanción de actividades relacionadas con las drogas, a las cuales México se sujeta a través de la Ley General de Salud.[4]

Ley General de Salud

El problema de las adicciones afecta directamente la salud pública, por ello, dentro de los programas para combatirlas, la Ley General de Salud contempla un programa específico, tanto para alcoholismo como para tabaquismo y farmacodependencia, en los que evidentemente se toma en cuenta el grave daño que estas problemáticas representan para la sociedad mexicana.

Con esto en mente, se creó el Consejo Nacional Contra las Adicciones,[5] destinado a trabajar en este campo. De esta manera, el combate frontal contra las adicciones se ha convertido en la implementación de programas específicos, dirigidos fundamentalmente hacia el aspecto preventivo.

A pesar de que en nuestro país la adicción a las drogas no tiene niveles de crecimiento comparables con los de los países desarrollados, su potencial destructivo no deja de ser considerable.

La actual Ley General de Salud, en los artículos 478 y 479, detalla que no se ejercerá acción penal sobre la persona que tenga posesión de hasta 5 g de marihuana para consumo personal. Sin embargo, ésta no es la única droga. La legislación mexicana establece otras drogas que pueden poseerse sin que implique un delito, como se detalla en la tabla 15.

Tabla 15. Dosis máximas de consumo personal e inmediato

NARCÓTICO	DOSIS MÁXIMA	
Opio	2 g	
Diacetilmorfina o heroína	50 mg	
Cannabis sativa, indica o marihuana	5 g	
Cocaína	500 mg	
Lisergida (LSD)	0.015 mg	
MDA Metilendioxianfetamina	*Polvo, granulado o cristal*	*Tabletas o cápsulas*
	40 mg	Una unidad con peso no mayor a 200 mg
MDMA, dl-34-metilendioxi-n-dimetilfeniletilamina	40 mg	Una unidad con peso no mayor a 200 mg
Metanfetamina	40 mg	Una unidad con peso no mayor a 200 mg

De esta manera, una persona que se mantenga por debajo de esos niveles es considerada un *consumidor*. Por encima de esa cantidad se considera como un *narcomenudista*. Consecuentemente, el artículo 475 señala que se impondrá prisión de cuatro a ocho años y de 200 a 400 días de multa a quien, sin autorización, comercie o suministre e incluso regale narcóticos previstos en la tabla por una cantidad hasta mil veces mayor a la establecida.[6]

Aunque desde 2017 se emitió un decreto que legaliza en nuestro país el uso medicinal de la marihuana, la Secretaría de Salud aún tiene pendiente reglamentar la producción de estos medicamentos y la siembra del enervante.

Código Penal Federal (Libro II, Título VII, Capítulo I)

El Código Penal Federal es la legislación que, junto con la Ley General de Salud, representa el marco regulatorio nacional actual aplicable a la marihuana y sus derivados. En este largo documento, la legislación sobre las drogas en México se encuentra en el Libro II, Capítulo I: De la producción, tenencia, tráfico, proselitismo y otros actos en materia de narcóticos; del artículo 193 al 199.

En principio, el artículo 193 define a las drogas como "los estupefacientes, psicotrópicos y demás sustancias o vegetales que determine la Ley General de Salud, los convenios y tratados internacionales de observancia obligatoria en México y los que señalen las demás disposiciones legales aplicables en la materia".

De esta manera, el código establece que se castigan las conductas que se relacionan con los estupefacientes, psicotrópicos y otras sustancias previstos en los artículos 237, 245, fracciones I, II, II y 248 de la Ley General de Salud, los cuales representan un problema grave para la salud pública.

De acuerdo con el artículo 194, se impondrá una condena de 10 a 25 años y de 100 hasta 500 días de multa al que:

1. Produzca, transporte, trafique, comercie, suministre aun de manera gratuita o prescriba alguno de los

narcóticos señalados en el artículo anterior, sin la autorización correspondiente a que se refiere la Ley General de Salud.[7] Además, el comercio y suministro de narcóticos podrán ser investigados, perseguidos y, en su caso, sancionados por las autoridades del fuero común en los términos de la Ley General de Salud.

2. Introduzca o extraiga del país alguno de los narcóticos comprendidos en el artículo anterior (193), incluso cuando sea de forma momentánea o en tránsito.[8]

3. Aporte recursos económicos o de cualquier tipo, o colabore de cualquier forma al financiamiento, supervisión o fomento para facilitar la ejecución de alguno de los delitos a que se refiere este capítulo.

4. Realice actos de publicidad o propaganda para que se consuma cualquiera de las sustancias mencionadas en el artículo 193.

Finalmente, las mismas penas mencionadas en este artículo, así como la privación del cargo o comisión e inhabilitación para ocupar otro hasta por cinco años, se impondrán al servidor público que, en ejercicio de sus funciones o aprovechando su cargo, permita, autorice o tolere cualquiera de las conductas señaladas anteriormente.

Intentos frustrados

A lo largo de los últimos años, el bloqueo en el Congreso Nacional llevó a que algunos estados buscaran iniciativas propias para tratar el tema. Uno de los casos ocurrió en Campeche, cuando en 2010, el Legislativo local elevó las dosis mínimas permitidas de determinadas sustancias estupefacientes que una persona podía poseer sin ser castigada. No obstante, la Suprema Corte declaró estas modificaciones como inválidas, por considerar que los legisladores de esta entidad no tenían competencia para ocuparse de un asunto federal.[9]

Del mismo modo, la Ciudad de México llevó a cabo una proposición, la cual ha tenido un efecto exclusivamente simbólico: aprobó la aplicación medicinal del cannabis antes que el Congreso votara para tomar esta decisión. Adicionalmente, los legisladores de la capital aclararon que la liberación tendría que esperar la decisión de los diputados y senadores federales.[10]

El 5 de enero de 1940, el presidente Lázaro Cárdenas realizó una acción revolucionaria: promulgó el nuevo Reglamento Federal de Toxicomanías. Esta legislación eliminó las viejas medidas punitivas sobre los delitos de drogas, autorizó a los médicos a recetar narcóticos a los adictos, estableció clínicas ambulatorias para brindarles ayuda y formuló peticiones más amplias para tratarlos como enfermos y no como criminales.

Consecuentemente, la venta y la compra de pequeñas cantidades de drogas, incluidas la marihuana, la cocaína y la heroína, fueron efectivamente despenalizadas. Asimismo, los delincuentes a pequeña escala fueron liberados de la cárcel y de las clínicas de adicción a las drogas.

De esta manera, a mediados de marzo de 1940, al menos mil adictos asistían a los dispensarios de manera diaria a comprar pequeñas dosis controladas de cocaína y morfina, bajo supervisión médica y a valor de mercado. Sin embargo, antes de que pasaran seis meses, la legislación fue anulada. El 7 de junio de 1940, el gobierno declaró que la escasez de cocaína y morfina debido a la guerra impedía que el plan funcionara. El mes siguiente se introdujo de nuevo la antigua legislación punitiva de 1931.

Es importante resaltar que, en muchos sentidos, la legalización mexicana fue una creación de un hombre: Leopoldo Salazar Viniegra, quien en 1938 se hizo cargo del Hospital de Drogadicción en la Ciudad de México.

Durante los siguientes dos años, Salazar escribió una serie de artículos académicos y participó en entrevistas de prensa que no sólo criticaban el *statu quo* prohibicionista, sino que también establecían el marco para un mejor sistema. Esencialmente, sus argumentos eran tres:[11]

1. En primer lugar, en su trabajo inicial, *El mito de la marihuana,* indicó que los peligros de la marihuana eran muy exagerados. Salazar revisó sistemáticamente los estudios médicos sobre la sustancia, señalando imprecisiones, rumores y aplicaciones erróneas de los datos. En una pieza particularmente conocida, incluso se burló de la posición de los doctores estadunidenses ante la droga, ya que aseguró que se basaba en citas erróneas de la poesía inspirada por el hachís del "poeta maldito" Charles Baudelaire.

   Salazar también presentó su propia investigación sobre el tema, la cual llevó a cabo durante siete años entre una amplia gama de pacientes, incluidos drogadictos, locos, un puñado de colegas médicos y políticos desprevenidos, e incluso su sobrino de nueve años, que una vez había fumado por equivocación uno de sus cigarrillos con marihuana. Concluyó que, independientemente de la clase social, la educación o la edad, la marihuana no hacía más que secar los labios, enrojecer los ojos y producir una sensación de hambre.

2. En segundo lugar, en una serie de artículos y entrevistas en la prensa, Salazar argumentó que la drogadicción debe tratarse como un problema de salud pública y no como un delito. Sobre la base de su trabajo relacionado con la marihuana, afirmó que no existía un vínculo intrínseco entre la adicción a las drogas y la criminalidad. De hecho, era sólo el alto precio de las drogas, como resultado de la prohibición, lo que llevaba a los usuarios a cometer crímenes.

   Por lo tanto, en lugar de llenar las cárceles con los usuarios, Salazar sugirió una combinación de educación, tratamientos farmacológicos y ayuda psiquiátrica.

3. Finalmente, en tercer lugar, Salazar propuso acabar con la prohibición y establecer un nuevo monopolio estatal de drogas. Argumentó que la prohibición había generado el mercado de drogas ilegales, por lo que detener a los narcotraficantes era casi imposible.

   Además el comercio ilegal tenía dos consecuencias suplementarias importantes. Por un lado, corrompía a la fuerza policiaca mexicana, a la que se le pagaba para proteger a los grandes comerciantes de drogas. Por otro, aumentaba la presión, obligando a los usuarios a cometer delitos. Como resultado, sugirió que la mejor manera de lidiar con la adicción a las drogas no era a través de la prohibición, sino del control estatal. Es decir, un monopolio comercial estatal que venda a precios de mayorista, sacando así a los

159

concesionarios del negocio, reduciendo la corrupción policial y permitiendo a los usuarios alimentar sus hábitos sin recurrir al delito.

Es claro que las conclusiones de Leopoldo Salazar Viniegra estaban adelantadas a su tiempo. Basadas en una amplia investigación médica y presentadas de una manera inteligente, racional y algo irónica, en muchos sentidos se conectan con las críticas contemporáneas a la política de drogas en México.

Iniciativas de ley sobre la materia

El debate sobre las nuevas políticas de control de drogas requiere poner a los usuarios de narcóticos como prioridad para ofrecer una verdadera aproximación de salud pública y que la reducción de daños sea un pilar fundamental para mejorar la legislación en la materia.[12] Por ello, a continuación se presenta una serie de iniciativas de leyes proporcionadas por distintos actores políticos, de la sociedad civil, entre otros, con el objeto de ofrecer un marco legal adecuado para atender este problema.

Como se señaló en un inicio, en fechas recientes se ha planteado en México un debate sobre la necesidad de un cambio en materia de control de drogas. Específicamente, se propone la legislación de la marihuana, lo cual implicaría su utilización abierta con fines médicos y recreativos.

Si nos atenemos solamente a los tratados internacionales y a la legislación nacional vigente, la normativa con fines lúdicos parecería casi imposible. No obstante, en el tema medicinal sí habría posibilidades, con la condición de que la Secretaría de Salud autorizara un protocolo de investigación científica y recomendara modificar la Ley General de Salud a partir de los resultados. Esto, en el contexto de apertura de los recientes fallos de la Suprema Corte, parece ser un escenario probable en el corto plazo.

Iniciativa con proyecto de decreto por el que se expide
la Ley General para la Regulación y Control de Cannabis
(Olga María del Carmen Sánchez Cordero Dávila)

El 6 de noviembre de 2018, la exsenadora y actual secretaria de Gobernación Olga Sánchez Cordero presentó una iniciativa que expide la Ley General para la Regulación y Control de Cannabis, con el fin de contar con un marco legal para el uso de la marihuana con fines personales, científicos y comerciales.

La iniciativa, publicada en la *Gaceta Parlamentaria del Senado* y presentada en el pleno, consta de 79 artículos y seis transitorios, en los que se detalla la regulación de la marihuana para fines personales, científicos y comerciales en México.[13]

La titular de la Secretaría de Gobernación planteó la posibilidad de permitir la siembra, cultivo, cosecha, aprovechamiento, preparación y transformación de hasta 20 plantas de cannabis en floración destinadas para el consumo personal en propiedad privada, con la condición de que la producción de marihuana no exceda los 480 g al año. Otra condición es que las personas registren sus plantas ante el Instituto Mexicano de Regulación y Control del Cannabis[14] en un padrón anónimo.

Sin embargo, el proyecto especifica la prohibición del comercio, distribución, donación, regalo, venta y suministro de marihuana a menores de edad, así como emplearlos en estas actividades.

Adicionalmente, la iniciativa plantea la posibilidad de concesión de licencias y permisos para la siembra, consumo, cultivo, cosecha, transporte, procesamiento y comercialización de marihuana, los cuales entregará el instituto con un plazo de cinco a 10 años y podrán prorrogarse por plazos iguales.

Finalmente, se contempla la aplicación de multas de hasta 644,800 pesos a quien viole esta ley.

En palabras de Olga Sánchez Cordero: "El mayor reto al que se enfrenta cualquier modelo de regulación es el de equilibrar el enfoque de salud pública con el interés del comercio".[15] El primero tiene el objetivo de minimizar riesgos y daños relacionados con el consumo del cannabis, mientras que el segundo busca promover su uso para obtener mayores ganancias. A continuación se detallan algunos aspectos de la regulación propuesta.

Tabla 16. Análisis de la iniciativa de Olga Sánchez Cordero

Mercado	De acuerdo con el artículo 40, la venta de cannabis y productos derivados para uso adulto se delimitará a establecimientos específicos, los cuales sólo podrán vender exclusivamente cannabis, sus derivados y sus accesorios, según lo determine el Instituto Mexicano de Regulación y Control del Cannabis.

Estado	El Instituto Mexicano de Regulación y Control del Cannabis, órgano desconcentrado de la Secretaría de Salud, deberá: 1. Crear la regulación que garantice el enfoque de salud pública, de reducción de riesgos y daños relacionados con el consumo de cannabis. 2. Reglamentar las actividades de plantación, cultivo, cosecha, transporte, almacenaje, producción, elaboración, distribución, comercialización, expendio y venta de cannabis. 3. Aplicar medidas de seguridad. Que se aseguren los productos que se presuma que sean nocivos o que carezcan de los requisitos básicos y, en su caso, aplicar sanciones que correspondan con las disposiciones vigentes. 4. Vigilar, revisar, monitorear y fiscalizar el cumplimiento de las disposiciones de la presente ley. 5. Promover y proponer acciones tendientes a reducir los riesgos y daños asociados al uso de cannabis. 6. Evaluar la regulación en los usos del cannabis. 7. Revisar, recabar y difundir la información específica y orientar a los diferentes grupos involucrados en el mercado regulado de cannabis.
Salud	De acuerdo con el artículo 8, la persona tiene derecho a la salud, lo cual implica: 1. El goce del más alto nivel posible de salud que le permita vivir dignamente.

163

Salud (cont.)	2. El acceso oportuno, aceptable y asequible a servicios de atención de salud de calidad suficiente. 3. La libertad de controlar su salud y su cuerpo, el derecho a no padecer injerencias, y el derecho a no ser sometido a torturas ni a tratamientos y experimentos médicos no consensuales. 4. Un sistema de protección a la salud que brinde a las personas oportunidades iguales para disfrutar del más alto nivel de salud posible. Artículo 45, I: el enfoque de salud pública debe predominar sobre el interés del comercio y otros intereses creados de la industria del cannabis. Artículo 68: todos los actores del mercado regulatorio están obligados a implementar acciones para la disminución de riesgo relacionado con el consumo del cannabis.
Libertad	De acuerdo con el artículo 9, se resalta el derecho de las personas al libre desarrollo de la personalidad.

Iniciativa que reforma, adiciona y deroga diversas disposiciones de la Ley General de Salud y del Código Penal Federal, para despenalizar el consumo de cannabis (Angélica de la Peña Gómez)

En 2016, la senadora perredista Angélica de la Peña Gómez propuso reformar la Ley General de Salud, así como el Código Penal Federal, con el objetivo de eliminar la criminalización de los consumidores de marihuana.

Su iniciativa plantea la posibilidad de que la autoridad federal sea la encargada de emitir la normatividad sobre el cultivo, procesamiento, distribución, transporte y venta al mayoreo del cannabis, esto adicional a la definición de zonas en donde estará permitido el consumo.

Con este modelo, el Estado asumiría el control del proceso completo de producción, distribución, puntos de venta y modalidades de consumo; ya que adquiriría la totalidad de las cosechas a través de un solo intermediario y le correspondería almacenar las existencias que no se encuentren en poder de los fabricantes de productos medicinales derivados de la planta.

Adicionalmente, en la iniciativa se propone la creación de clubes de consumo recreativo, los cuales funcionarían bajo estrictas condiciones dependiendo de sus licencias correspondientes, que incluirían restricciones de edad para el acceso y el número de socios, así como la prohibición a la venta de otras sustancias psicoactivas.

Más aún, se plantea contar con instituciones que atiendan a personas que, en su momento, cometieron delitos para mantener o financiar su dependencia a los narcóticos o bajo la influencia de éstos, pero que no necesariamente hayan cometido delitos graves.

Iniciativa de decreto por el que se reforman y adicionan diversas disposiciones de la Ley General de Salud y del Código Penal Federal (uso de la marihuana con fines medicinales) (Roberto Gil Zuarth)

En 2016, el senador Roberto Gil Zuarth, perteneciente al PAN, presentó una iniciativa de legislación en materia de marihuana que incluye normas para su uso medicinal, su investigación científica, así como el consumo lúdico, con una regulación del mercado que sería monopolizado por el Estado.[16]

De esta manera, la propuesta sugiere la creación del Instituto Mexicano del Cannabis (IMCANN), que funcione como el órgano regulador del mercado, desde la producción hasta la venta o suministro. Para esto, habría una entidad paraestatal que se encargaría de adquirir toda la producción de los campesinos, por lo que sería el único proveedor para los diferentes usos estipulados por la ley.

Es importante mencionar que la propuesta del senador panista plantea descriminalizar el consumo de marihuana, pero el proyecto mantiene la sanción penal actual, la cual castiga la producción, transporte o comercio en la modalidad de delincuencia organizada. La iniciativa tiene como base principal el uso terapéutico y médico del enervante.

Además, se abre la posibilidad de la existencia de sociedades o cooperativas de producción para proveer a los socios una cantidad regulada al mes, con condiciones de calidad y obligaciones de detección de consumo problemático. No obstante, el consumo presencial estaría prohibido.

Consecuentemente, el objetivo principal de esta iniciativa es reducir el mercado negro, sin fomentar el consumo, por ello se permitiría el consumo doméstico de hasta seis plantas para uso estrictamente personal, con el fin de disminuir ese mercado negro de abastecimiento.

Iniciativa con proyecto de decreto que reforma diversas
disposiciones de la Ley de Impuestos Generales
de Importación y Exportación, en materia de cannabis
(Cristina Díaz Salazar)

En 2015, la senadora del PRI Cristina Díaz Salazar presentó una iniciativa para legalizar el uso médico y terapéutico de la marihuana, en particular, en el tratamiento de ciertas enfermedades,[17] con el propósito de establecer políticas públicas que permitan su aplicación.

Esta propuesta en particular busca reformar los artículos 237 y 245 de la Ley General de Salud, con el fin de eliminar las restricciones de la marihuana y que su sustancia psicoactiva (el cannabinoide) sea legal, para que se pueda utilizar en la fabricación de medicamentos paliativos para contrarrestar los efectos de enfermedades poco convencionales, como el cáncer y la epilepsia.

Asimismo, propone reformas para legalizar la importación de medicamentos a base de cannabinoides, con la condición de que las autoridades mexicanas los regulen por medio de farmacias especializadas.

Iniciativa del Ejecutivo federal (presidente Enrique Peña Nieto):
Iniciativa de Decreto por el que se reforman, adicionan
y derogan diversas disposiciones de la Ley General
de Salud y se reforma el párrafo tercero del artículo 195
del Código Penal Federal

Durante el sexenio anterior, el Ejecutivo federal envió al Senado la iniciativa que permite a los consumidores de marihuana portar hasta 28 g de la droga, así como el uso medicinal y científico de la sustancia.

La propuesta se planteó como objetivo reformar la Ley General de Salud y el Código Penal Federal.[18] De aprobarse la iniciativa, en México se permitiría el uso de medicamentos elaborados con base en la marihuana y sus ingredientes activos. Adicionalmente, se autorizaría la investigación clínica con fines de registro para productos que contengan la droga.

Es importante resaltar, como ocurre con todos los medicamentos, que los elaborados con extractos de cannabis también estarían sujetos a estrictos controles sanitarios, siendo necesario demostrar la calidad, seguridad y eficacia de sus cualidades terapéuticas.

Esta iniciativa no toma en cuenta el consumo recreativo, el cual continúa siendo ilegal.

Tabla 17. Resumen de cinco iniciativas

INICIATIVA	GRUPO PARLAMENTARIO	ORGANIZACIÓN	MERCADOS
Cristina Díaz Salazar	PRI		• Importación de medicamentos necesarios para los tratamientos. • Prohíbe la producción en territorio nacional.

INICIATIVA	GRUPO PARLAMENTARIO	ORGANIZACIÓN	MERCADOS
Roberto Gil Zuarth	PAN	• Creación del Instituto Mexicano del Cannabis, con la finalidad de regular las actividades previstas. • Cannamex como un organismo autorizado para adquirir cannabis o sus productos. • El cultivo, cosecha, transportación, almacenaje, producción, empaquetado, etiquetado, distribución y venta deben ser autorizados previamente por el Instituto Mexicano del Cannabis. • El control sanitario del cultivo y la producción será responsabilidad del Estado.	• Permite la producción y uso de cannabis para uso médico y terapéutico. • Establece las bases para el cultivo, transportación, producción, empaquetado, etiquetado, distribución, comercialización, venta y uso del cannabis y sus productos. • Establece las tasas para el pago de impuestos y cuotas por la enajenación o, en su caso, la importación de cannabis.

169

INICIATIVA	GRUPO PARLAMENTARIO	ORGANIZACIÓN	MERCADOS
Angélica de la Peña Gómez	PRD	• Establece un Programa Nacional de Prevención y Tratamiento Especializado para Adolescentes. • Cultivo del cannabis regulado por la Secretaría de Salud en Coordinación con la Secretaría de Agricultura, Ganadería, Desarrollo Rural, Pesca y Alimentación (autoridades encargadas de designar las zonas y parcelas donde el cultivo estaría permitido, así como de expedir las licencias correspondientes para la fabricación y distribución de productos médicos). • Creación de clubes de consumo recreativo. • Establece que cualquier actividad relacionada con estupefacientes o con cualquier producto que los contenga debe estar sujeto al ejercicio, respeto, promoción y protección de los derechos humanos. • La autorización se otorgará a personas en lo individual o por medio de organizaciones.	• Permite la siembra, cultivo, cosecha, elaboración, preparación, acondicionamiento, adquisición, posesión, comercio, transporte en cualquier forma, prescripción médica, suministro, empleo, uso o consumo lúdico de la marihuana.

INICIATIVA	GRUPO PARLAMENTARIO	ORGANIZACIÓN	MERCADOS
Martha Angélica Tagle Martínez	Sin grupo parlamentario	• Expedición de licencias para la siembra, cultivo, cosecha, fabricación, producción, distribución y transporte. • Coordinación de todas las acciones relativas a la regulación de los productos del cannabis. • El cultivo privado colectivo se realizará a través de Clubes Sociales Cannábicos que estarán registrados ante la Secretaría de Salud, de acuerdo con la ley. • Para fines de uso personal, las personas mayores de 18 años podrán cultivar cannabis de forma privada, individual o colectiva.	

171

INICIATIVA	GRUPO PARLAMENTARIO	ORGANIZACIÓN	MERCADOS
Poder Ejecutivo		• Las autoridades de seguridad pública, procuración e impartición de justicia conocerán y resolverán en el caso de *Cannabis sativa*, *indica* y americano o marihuana, cuando la cantidad sobrepase los 5 kg. • Se entiende como uso personal cuando se posee una cantidad de marihuana inferior a los 28 g. • Se requiere autorización de la Secretaría de Salud.	• Permite la siembra, cultivo, cosecha, elaboración, preparación, acondicionamiento, adquisición, posesión, comercio, transporte en cualquier forma, prescripción médica, suministro, empleo, uso, consumo y, en general, todo acto relacionado con *Cannabis sativa*, *indica* y americano o marihuana, exclusivamente para uso médico y científico.

El modelo mexicano de legalización de la marihuana, a diferencia de otros países, podría considerarse como híbrido, es decir, una combinación entre los enfoques de salud, libertad, Estado y mercado. A continuación, se presenta una comparación de los diferentes modelos expuestos a través de las iniciativas de ley presentadas anteriormente.

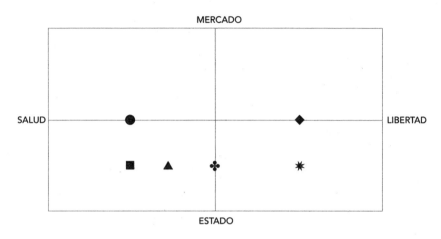

▲ Cristina Díaz Salazar

■ Roberto Gil Zuarth

✳ Angélica de la Peña Gómez

◆ Martha Angélica Tagle Martínez

♣ Poder Ejecutivo

● Olga María del Carmen Sánchez Cordero

Conclusión
Y CONSIDERACIONES FINALES

———

E s importante profundizar el conocimiento existente sobre supuestos y verdades que existen alrededor de la marihuana. Como sociedad, necesitamos argumentos sólidos que obliguen al gobierno a prestarle atención al tema de las adicciones, en específico a la del cannabis, a la que hay que dar la consideración y el debate que merece.

Es evidente que el enfoque prohibicionista establecido en México impide una política de seguridad pública eficiente, así como la difusión masiva de información confiable y científicamente sustentada. Para abordar la legalización de la marihuana y su adecuada regulación, resulta fundamental incorporar elementos como los que poseen países con mayor experiencia en el campo de la reglamentación legal. Desde luego, las experiencias internacionales son exclusivamente referencias que no deben asumirse e incorporarse intactas, sino con el cuidado de adaptarlas a la cultura y las necesidades específicas de la sociedad mexicana.

Por otra parte, es verdad que el tema de la legalización, producción y comercialización no es sencillo. Más bien es un fenómeno complejo que necesita abordarse desde un enfoque multidisciplinario.

Finalmente, quizás uno de los temas más importantes,

considerando el rotundo fracaso de las políticas implementa-
das hoy en día, sea el surgimiento de medidas preventivas y
soluciones novedosas que realmente aborden el problema de
manera eficiente y satisfactoria.

AGRADECIMIENTOS

Quiero dedicar este libro a los hombres y mujeres del campo mexicano, especialmente a quienes me enseñaron tantas cosas en Guerrero, mi estado, y en la Sierra Madre del Sur.

A quienes, entre caminos de tierra y laderas de siembra, me ayudaron a confirmar mi vocación social.

A los que echando tortilla y tomando mezcal me dieron clases de realidad nacional, mientras veíamos en silencio un pedregoso trazo levantado por el ejército en tiempos de Lucio Cabañas. "¡En este país sólo nos hacen caminos cuando nos levantamos en armas, licenciado!"

A la abuela, que con sus manos llenas de cicatrices por rayar la amapola, para extraer la goma de opio, me dijo con ojos llorosos: "No quiero que así sean las manos de mi nieta", mientras la pequeña de unos cuantos años se ocultaba tímida detrás de su falda.

A los que me dijeron desde hace muchos años: "La marihuana ya no deja, Piter".

A mis amigos Eva Alarcón y Álvaro Atanacio, con quienes recorrí tantas veces la Sierra en cuatrimoto. Con ellos conté emocionado todos los hoyos de aquellos caminos madereros, para saber dónde debíamos poner las obras para que llegaran los maestros y los médicos a las partes altas en época de lluvias.

A esos queridos amigos con los que escuché el rugido del jaguar entre los cafetales de Atoyac, Tecpan y Petatlán. A esos espíritus libres que hoy ya no están conmigo, por el silencio artero de la violencia que desgarra mi querida tierra suriana.

En su nombre recuerdo a mis hermanos de tantas organizaciones campesinas con las que he caminado los campos de Guerrero y de todo el país. Esos hombres y mujeres que, con el rostro bruñido por el sol, sueñan que sus hijos o sus nietos tendrán un mejor destino que el de sus padres y abuelos.

A los que fueron condenados a la siembra de estupefacientes por el abandono del campo.

A los que decidieron no seguir esa ruta e incluso enfrentar a los primeros.

A todos aquellos que, en la búsqueda de nuevas respuestas, desde los espacios legislativos, me llevaron de su mano para dar esta lucha.

Con amor de tierra, dedico este libro y les doy las gracias por todo el camino andado. Que sirva para abrir una nueva etapa en nuestro querido país.

También agradezco a mi colaboradora Brenda Bravo Trejo por todo su apoyo y por las horas dedicadas a la elaboración del presente texto.

Notas

Introducción

[1] Lista elaborada con información de "Argumentos para el debate sobre la legalización de la marihuana en México", Instituto Nacional de Neurología y Neurocirugía, 2013.

[2] *Ibid.*

1. Situación actual del cannabis en México

[1] *Ibid.*

[2] Honorable Cámara de Diputados, "Breve historia del cáñamo", Foro para la regulación de la cannabis en México, 2009, pp. 54-55.

[3] Jesse J. Ranson, "Industrial Use", *"Anslingerian" Politics: The History of Anti-Marijuana Sentiment in Federal Law and Haw Harry Anslinger's Anti-Marijuana Politics Continue to Prevent the FDA and Other Medical Experts from Studying Marijuana's Medical Utility*, s.p.i., abril de 1999, p. 10.

[4] La ley definió que las preparaciones medicinales del *Cannabis sativa* deben calificar bajo la ley federal, así como cualquier médico que desee administrarlas. Bureau of Legal Medicine and Legislation, "United States Assumes Control of Cannabis", *Journal of the American Medical Association*, septiembre de 1937, p. 31B.

[5] Jesse J. Ranson, *loc. cit.*, p. 12.

[6] El cáñamo puede cultivarse como una fibra que generalmente se utiliza para hacer ropa, cuerda o materiales para construcción; o bien, recolectarse para obtener el cannabidiol o CBD, una sustancia promocionada por tener beneficios para la salud.

7 Estados Unidos define al cáñamo industrial como las plantas de *Cannabis sativa* que contienen 0.3% o menos de THC. Jenni Avins y Dan Kopf, "Even farmers are shifting from tobacco to hemp and CBD", *Quartz*, 10 de diciembre de 2018, en https://qz.com/1483381/the-2018-farm-bill-could-make-hemp-the-next-tobacco.

8 Al parecer, en algún momento del siglo XVI el cáñamo cruzó el Atlántico para ser cultivado y aprovechado como fibra. Los pobladores indígenas —quienes ya contaban con experiencia en el uso de plantas psicoactivas— integraron el cannabis a sus prácticas religiosas y medicinales. Sin embargo, este tipo de rituales y curaciones fueron prohibidos por el Santo Oficio de la Inquisición, debido a que se consideraron como acciones supersticiosas y hechicerías que transgredían a la Iglesia católica. Nidia Olvera Hernández, "Estigma y prohibición: breve historia de la mariguana en México", *Vice*, 2 de mayo de 2016, en https://www.vice.com/es_latam/article/3b97n8/estigma-y-prohibicion-breve-historia-de-la-mariguanaen-mexico.

9 Por ejemplo, en 1920 se publicaron las *Disposiciones sobre el comercio y el cultivo de productos que degeneran la raza*, en las que se prohibió tanto la venta como el cultivo del cannabis. Esta legislación se destacó por su innovación a nivel internacional, ya que México fue uno de los primeros países en restringir la producción, comercialización y uso de esta planta. Nidia Olvera Hernández, *loc. cit.*

10 De hecho, los primeros testimonios escritos sobre el uso del cáñamo para la fabricación de ropa tienen más de 4 mil años. "Ventajas del cannabis para la industria textil", *Yervagüena*, en https://www.yervaguena.com/secciones/ventajas-del-cannabis-para-la-industria-textil.

11 Es importante mencionar que la fibra que se obtiene del *Cannabis sativa* es similar a la del lino, aunque considerablemente más resistente. Para la confección de prendas térmicas y de invierno es una opción, la cual implica grandes ventajas, debido a su gran capacidad para la conducción de calor. *Yervagüena, loc. cit.*

12 *Yervagüena, loc. cit.*

13 De acuerdo con la Encuesta Nacional de Adicciones 2011, en México la marihuana sigue siendo la droga de mayor consumo, ya que representa 80% del uso ilegal de drogas.

14 Juan Ramón de la Fuente, "Uso recreativo del cannabis", *El Universal*, 25 de octubre de 2015, en https://www.eluniversal.com.mx/articulo/nacion/sociedad/2015/10/25/uso-recreativo-del-cannabis.

[15] Uso y productividad de la mano de obra en unidades familiares de producción del trópico húmedo de México, como productores participantes y no participantes en el desarrollo y adaptación de innovaciones tecnológicas. Miguel Molina, "Cuatro temas sobre el mercado de marihuana en México y en el mundo", Gobierno Federal, 2016, en https://www.gob.mx/cms/uploads/attachment/file/85735/MIGUEL_MOLINA_M3.pdf.

[16] Esta cifra se duplicó entre 2011 y 2015, lo cual convierte a la marihuana en la droga que más crecimiento experimenta en el país. Secretaría de Salud, "Consumo de drogas: Prevalencias globales, tendencias y variaciones estatales", Encuesta Nacional de Consumo de Drogas, Alcohol y Tabaco 2016-2017, en https://www.gob.mx/cms/uploads/attachment/file/2348 56/CONSUMO_DE_DROGAS.pdf.

[17] Antes conocida como la Encuesta Nacional de Adicciones, es la primera que agrupa el consumo de drogas, alcohol y tabaco por estados. Elías Camhaji, "El consumo de marihuana en México se duplica entre los menores de edad", *El País*, 4 de diciembre de 2017, en https://elpais.com/internacional/2017/12/04/mexico/1512410150_084756.html.

[18] "También ha habido una reducción en la edad de inicio, estamos viendo la marihuana a partir de los 10 y 11 años de edad", dijo Manuel Mondragón y Kalb, comisionado nacional contra las adicciones. Mondragón y Kalb, quien publicó un libro sobre el estado legal de la marihuana, es uno de los principales opositores a la legalización por considerarla una sustancia "tan adictiva" como el tabaco y el alcohol. Elías Camhaji, *loc. cit.*

[19] Las variaciones estatales se presentan de la siguiente forma: Jalisco (15.3%), Quintana Roo (1.4%) y Baja California (13.5%) reportan los porcentajes más altos de consumo de cualquier droga ilegal alguna vez, en la población de 12 a 65 años, con respecto a la prevalencia nacional (9.9%). En el último año, sólo Baja California (4.4%) tiene un porcentaje mayor al nacional (2.7%). Secretaría de Salud, *loc. cit.*, 2016-2017.

[20] Nadia Robles Soto, "Consideraciones sobre la regulación de la mariguana", Secretaría de Salud, 2019, p. 3.

[21] *Ibid.*, p. 7.

[22] Carlos Resa Nestares, "Hectáreas de cultivos ilegales erradicadas", *El mapa del cultivo de drogas en México*, s.p.i., 2016, p. 4.

[23] OEA, "El problema de drogas en las Américas: Estudios", en http://www.cicad.oas.org/drogas/elinforme/informedrogas2013/drugspublic health_esp.pdf.

[24] Es importante señalar que esta aproximación se basa en la oferta, por lo que hay que mencionar que, de acuerdo con el enfoque de la demanda, el valor del mercado de cannabis es menor. En 2012, el mercado estadunidense alcanzó un valor aproximado de entre 15 mil y 30 mil millones de dólares. OEA, *loc. cit.*, 2013.

[25] Viridiana Ríos, *Evaluating the economic impact of drug traffic in Mexico*, Harvard University.

[26] Debido a que el cannabis crece en una variedad de condiciones mucho más amplias que la amapola y la coca, el cálculo de los ingresos derivados se dificulta, por lo que sólo se cuenta con información hasta 2008.

[27] En el caso de Colorado, el mercado legal de marihuana contaba con 14,209 empleos de tiempo completo en 2014, para 2015 aumentaron a 18,005 y se estima que para 2020 este mercado generará 250 mil empleos en todo Estados Unidos. Francisco Mena Ramos, "El futuro de los trabajadores de la marihuana", *Animal Político*, 2018, en https://www.animalpo litico.com/el-dispensario-dialogo-sobre-drogas/el-futuro-de-los-trabaja dores-de-la-mariguana-en-mexico.

[28] De acuerdo con cifras del INEGI, en 2017 había 1.9 millones de desempleados en México. "Estos son los estados donde hay más desempleo en México", *Animal Político*, 14 de noviembre de 2017, en https://www.ani malpolitico.com/2017/11/estados-mexico-desempleo-inegi.

[29] Un ejemplo de esto es el taller organizado por el colectivo 420 Guadalajara. Se trata de un evento de dos días en los que se busca dar talleres básicos y avanzados para la creciente comunidad cannábica de la región. Entre los asistentes a este taller se encuentran los cultivadores y extractores más experimentados de la región y el país, sin embargo, también asisten principiantes. De este modo, se busca impulsar la marihuana en esta región del país entre cultivadores, extractores, abogados, periodistas, vidrieros, pequeños productores, entre otros. De la misma forma, estos eventos están dirigidos a ayudar a los pequeños productores legales, tanto con técnicas de cultivo más eficientes como con materia prima, como semillas. Vice México, "Premios y kilos de mota: fui a un taller clandestino de cultivo en Jalisco", *Vice*, 13 de agosto de 2018, en https://www.vice.com/ es_latam/article/7xqmxb/premios-y-kilos-de-mota-fui-a-un-taller-clan destino-de-cultivo-en-jalisco.

[30] Es una agrupación que desde su creación, en julio de 2018, suma más de 200 socios. Por un lado, busca que los legisladores creen una legislación

cannábica que sea acorde con el tamaño y situación geográfica del país. Por otro lado, este proyecto reconoce la importancia de la creación del Instituto Mexicano de Regulación y Control del Cannabis, que será el órgano descentralizado encargado de regular, reglamentar, monitorear, sancionar y evaluar el sistema de regulación del cannabis; también establece esquemas para el autoconsumo, el uso científico, comercial, terapéutico, industrial y farmacéutico. Finalmente, también es necesario aprender bien el negocio en Estados Unidos para replicarlo en México una vez que se legalice. Ilse Maubert Roura, "Así será el negocio del cannabis legal en México", *Entrepreneur*, 2019, en https://www.entrepreneur.com/article/329489.

[31] Ilse Maubert Roura, *loc. cit.*

[32] El proyecto se presentó por primera vez en Guerrero —una de las entidades donde ya existe la siembra tanto de cannabis como de amapola—, el cual experimenta una violenta pelea por las plazas de los principales municipios, lo que ha resultado en miles de muertes y desplazamiento forzado debido. Incluso, en la actualidad, la parte serrana del estado se encuentra bajo la estricta vigilancia de los carteles del narcotráfico, los cuales continúan afectado al estado con sus acciones delincuenciales. La entidad se posiciona dentro de los primeros lugares en producción de marihuana y amapola. De acuerdo con los productores encargados del proyecto, este negocio tiene proyección internacional y representa una oportunidad para los pequeños productores para emprender en sus parcelas de manera legal y obtener ingresos, así como para ser integrados en el padrón nacional como productores certificados. Marco Antonio Villegas, "Empresa Productora de Cannabis propone cultivar marihuana para uso medicinal", *El Sol de México*, 17 de mayo de 2018, en https://www.elsoldemexico.com.mx/republica/sociedad/empresa-productora-de-cannabis-propone-cultivar-mariguana-para-uso-medicinal-1692309.html.

2. Uso científico, medicinal y lúdico del cannabis

[1] Los cannabinoides son sustancias químicas asociadas con delta-9-tetrahidrocannabinol (THC), el principal ingrediente psicoactivo de la marihuana que altera la mente y genera el efecto en quien lo consume. La planta de marihuana contiene más de cien cannabinoides. Además, tanto fabri-

cantes ilegales como científicos han producido muchos cannabinoides de laboratorio. Algunos de ellos son sumamente poderosos y causan efectos graves en la salud cuando se emplean en forma inapropiada. National Institute on Drug Abuse, "La marihuana como medicina", 2017, en https://www.drugabuse.gov/es/publicaciones/drugfacts/la-marihuana-como-medicina.

[2] Existe un interés creciente en el cannabidiol químico de la marihuana (CBD) para el tratamiento de ciertas enfermedades como la epilepsia infantil, un trastorno que causa convulsiones violentas en los niños. Por ello, los científicos han experimentado de manera específica con los cultivos de plantas de marihuana y en la producción de CBD en forma de aceite con fines terapéuticos. Estas drogas no son populares para el consumo recreativo, ya que no producen euforia ni alteran la mente. National Institute on Drug Abuse, *loc. cit.*

[3] En Estados Unidos, la Administración de Alimentos y Medicamentos (FDA, por sus siglas en inglés) se encarga de proteger la salud pública mediante la regulación de los medicamentos de uso humano y veterinario, vacunas y otros productos biológicos, dispositivos médicos, el abastecimiento de alimentos, los cosméticos, suplementos dietéticos y los productos que emiten radiaciones.

[4] Honorable Cámara de Diputados, "Usos médicos de la cannabis", Foro para la regulación de la cannabis en México, 2009, p. 81, en http://biblioteca.diputados.gob.mx/janium/bv/ce/scpd/LX/forreg_canna bis_lx.pdf.

[5] Oficina de Información Científica y Tecnológica para el Congreso de la Unión y Foro Consultivo, Científico y Tecnológico, A. C., "El uso medicinal de la marihuana", *INCyTU Exprés*, núm. 005, septiembre de 2017, p. 4.

[6] De entre lo propuesto, se puede destacar que: *1)* las autoridades de seguridad pública, procuración e impartición de justicia conocerán y resolverán, en el caso del *Cannabis sativa, indica* y americano o marihuana, cuando la cantidad sea menor a 5 kg; *2)* se entenderá por estricto uso personal la posesión de una cantidad de marihuana inferior a 28 g, *3)* se presumirá como delito contra la salud cuando se posea una cantidad mayor a 5 kg de *Cannabis sativa, indica* y americano o marihuana. Oficina de Información Científica y Tecnológica para el Congreso de la Unión y Foro Consultivo, Científico y Tecnológico, A. C., *loc. cit.*

[7] *Ibid.*, p. 5.

⁸ Es importante recalcar que en el documento se deberá agregar el nombre de quien lo solicita, una dirección para recibir notificaciones y mencionar a la Cofepris como autoridad responsable. Del mismo modo, que el derecho constitucional violado es "el libre desarrollo de la personalidad", establecido en el artículo 1 de la Constitución. Es necesario asimismo realizar una narración de los hechos bajo protesta de decir verdad. Finalmente, el amparo debe solicitarse en la Oficialía de Partes de los Juzgados de Distrito, con un original y dos copias, y se deberá anotar el número de expediente asignado. El estatus del amparo podrá consultarse vía internet a través del Sistema Integral de Seguimiento de Expedientes (SISE). Diana Delgado Cabañez, "¿Cómo tramitar el permiso para el uso lúdico de la marihuana?", *Chilango*, 5 de noviembre de 2018, en https://www.chilango.com/noticias/reportajes/tramite-permiso-marihuana-legal-en-mexico.

⁹ La asociación México Unido Contra la Delincuencia —que ayudó a diseñar los casos de Grace Elizalde y el colectivo SMART— interpuso una denuncia ante la PGR contra la Cofepris, tras haber detectado abuso de autoridad al momento de procesar las solicitudes de amparo. De acuerdo con la organización, recibieron quejas de individuos que solicitaron el permiso por su cuenta, notaron que desde el momento en que se busca entregar la solicitud, personal de la dependencia hace lo posible por evitar que el trámite siga adelante.

¹⁰ Comisión Federal para la Protección contra Riesgos Sanitarios, "Cofepris atiende en el marco de sus atribuciones legales, las solicitudes para uso medicinal, personal y lúdico de la cannabis", Gobierno Federal, 2018, en https://www.gob.mx/cofepris/articulos/cofepris-atiende-en-el-marco-de-sus-atribuciones-legales-las-solicitudes-para-uso-medicinal-personal-y-ludico-de-la-cannabis-173520?idiom=es.

¹¹ Para la importación de productos de cannabidiol libres de THC para uso personal, la Cofepris requiere que se cumpla la fracción arancelaria del medicamento, con fundamento en el artículo 54 de la Ley Aduanera y con el Acuerdo que establece la clasificación.

¹² De acuerdo con estándares internacionales, en la etiqueta debe indicarse con claridad el contenido de los principales cannabinoides, entre los que deberían incluirse, al menos, THC, THCA, CBD y CBDA, y de preferencia también CBN, CBG y 0-8-THC, debido a que estos compuestos pueden producir efectos farmacológicos significativos de diversos tipos.

[13] De este modo se asegura que cada planta es, desde el punto de vista genético la misma. Lisette Wijnkoop y Arno Hazekamp, "Hacia una mejor calidad de los productos cannabinoides", *Fundación Canna*, en https://www.fundacion-canna.es/hacia-una-mejor-calidad-de-los-productos-cannabinoides.

[14] Coordinación de Comunicación Social, "Aprueba Senado uso medicinal de la marihuana", Senado de la República, 2016, en http://comunicacion.senado.gob.mx/index.php/informacion/boletines/33322-aprueba-senado-uso-medicinal-de-la-marihuana.html.

[15] Armando Ríos Piter, "Voto Particular del Sen. Armando Ríos Piter, que modifica el proyecto de decreto por el que se reforma, adicionan y derogan diversas disposiciones de la Ley General de Salud y del Código Penal Federal, en relación al uso medicinal y lúdico de la cannabis", 2016, Senado de la República, p. 2, en http://infosen.senado.gob.mx/sgsp/gaceta/63/2/2016-12-13-1/assets/documentos/Voto_particular_marihuana_Sen_Piter.pdf..

3. El marco regulatorio internacional aplicable al cannabis y sus derivados

[1] OEA, "Contexto internacional: Tratados e Instituciones", 29 de marzo de 2012, en http://www.cicad.oas.org/Main/Template.asp?File=/main/aboutcicad/treaties/framework_spa.asp.

[2] Proceso por el cual el estatus de una actividad pasa de estar prohibida a estar permitida. Es imprescindible aclarar que el término *legalización* describe exclusivamente un proceso y no un modelo de política pública. Rebeca Calzada, "Regímenes legales del cannabis alrededor del mundo", documento de trabajo, *Espolea* [en línea], en http://www.espolea.org/uploads/8/7/2/7/8727772/ddt-mapeandocannabis-mundo.pdf

[3] La despenalización puede ser *de jure* o *de facto*, es decir, está contemplada en la ley o bien responde a una práctica no escrita, pero comúnmente adoptada. Rebeca Calzada, *loc. cit.*

[4] De acuerdo con información del documento "Contexto internacional: tratados e instituciones", OEA, 2018, en http://www.cicad.oas.org/Main/Template.asp? File=/main/aboutcicad/treaties/framework_spa.asp.

[5] La Comisión Interamericana para el Control del Abuso de Drogas (CICAD)

es el foro político del hemisferio occidental para tratar con el problema de las drogas. La secretaría ejecutiva de la CICAD apoya a la comisión mediante el fortalecimiento de las capacidades humanas e institucionales y la canalización de los esfuerzos colectivos de sus Estados miembros para reducir la producción, tráfico y consumo de drogas ilegales. OEA, "Comisión Interamericana para el Control del Abuso de Drogas (CICAD)", 18 de enero de 2017, en http://www.cicad.oas.org/Main/Template.asp?File=/main/aboutcicad/about_spa.asp.

[6] "Contexto internacional: tratados e instituciones", *loc. cit.*

[7] "La situación legal del cannabis medicinal en el mundo", *El País Internacional*, 20 de octubre de 2017, en https://elpais.com/internacional/2017/10/20/actualidad/1508497009_788483.html.

4. MODELOS INTERNACIONALES

[1] Una persona descubierta con cantidades pequeñas de cualquier droga para uso personal en Portugal ya no es arrestada, sólo se le ordena aparecer ante una "comisión de disuasión", conformada por un oficial del área legal y dos de los servicios sociales o de salud, quienes determinan si la persona es dependiente a las drogas o no, y qué tan severa es su dependencia. De esta manera, la comisión tiene la facultad de referir a la persona a un programa de tratamiento voluntario, cobrar una multa o imponer otras sanciones administrativas. Drug Policy Alliance, "Descriminalización de las drogas en Portugal: un acercamiento enfocado a la salud", 2015, en https://www.drugpolicy.org/sites/default/files/DPA_Hoja_Informativa_La_descriminalizacion_de_drogas_en_Portugal_juniode2015_0.pdf.

[2] Entró en acción en 1928 y se enmendó en 1976. Es la base para la legislación sobre drogas. En él se definen el tráfico, cultivo, producción y posesión de drogas como actos criminales, y se confirma la diferencia entre las drogas duras o Lista I (heroína, cocaína, éxtasis y anfetaminas) y las drogas suaves o Lista II (cannabis y hongos alucinógenos). European Monitoring Centre for Drugs and Drug Addiction, "Drug laws and drug law offences", *Netherlands. Country Drug Report* 2018, en http://www.emcdda.europa.eu/countries/drug-reports/2018/netherlands_en.

[3] La tenencia de cannabis para consumo, de hasta 30 g, no se considera un delito, sino una falta. Como consecuencia, la venta de cannabis en los

coffee shops (máximo 5 g por persona al día) constituye legalmente una falta, pero no se persigue si se cumplen condiciones muy estrictas. Ministerio Holandés de Asuntos Exteriores, *La política holandesa sobre drogas*, 2017.

⁴ Para la ejecución de la política son importantes: *1)* las instituciones de atención a la adicción, que ofrecen tanto atención sanitaria ambulante como atención a tiempo parcial y atención intramuros o dentro de hospitales, algunas de esas instituciones están fusionadas con entidades dedicadas a la atención psiquiátrica; *2)* la policía regional y el Cuerpo Nacional de Servicios Policiales, con servicios especializados de policía judicial y de información; *3)* la aduana, que para sus labores de control e investigación utiliza entre otras cosas, técnicas de análisis cada vez más refinadas del Servicio de Información Aduanera; *4)* la Real Policía Militar en los aeropuertos y *5)* las unidades especiales del Servicio Nacional de la Policía Judicial que se ocupan de la lucha contra el tráfico transnacional de cocaína y heroína, así como la producción y el tráfico internacional de drogas sintéticas. Ministerio Holandés de Asuntos Exteriores, *loc. cit.*

⁵ European Monitoring Centre for Drugs and Drug Addiction, "Drug use", *Netherlands. Country Drug Report 2018*, en http://www.emcdda.europa.eu/countries/drug-reports/2018/netherlands_en.

⁶ La responsabilidad de la organización, implementación y coordinación del cuidado y atención de adicciones le corresponde a las autoridades regionales y locales, y forma parte de una agenda de salud mental más amplia. El tratamiento es previsto por organizaciones especializadas en el cuidado de adicciones. De la misma manera, en Holanda, las opciones de tratamiento contra la drogadicción son diversas. European Monitoring Centre for Drugs and Drug Addiction, "Treatment", *Netherlands. Country Drug Report 2018*, en http://www.emcdda.europa.eu/countries/drug-reports/2018/netherlands/drug-use_en.

⁷ European Monitoring Centre for Drugs and Drug Addiction, "Drug-related emergencies", Netherlands. *Country Drug Report 2018, loc. cit.*

⁸ John Hudak, Geoff Ramsey y John Walsh, *Ley de cannabis uruguaya: pionera de un nuevo paradigma*, WOLA, junio de 2018, en https://www.brookings.edu/wp-content/uploads/2018/03/GS_06142018_Cannabis-Uruguay_Spanish.pdf.

⁹ La producción anual total de la droga no debe exceder los 480 g, sin embargo, se permite el cultivo de más de seis plantas, siempre y cuando sean plantas macho no floridas. John Hudak, *loc. cit.*, p. 5.

¹⁰ Los clubes pueden plantar hasta 99 plantas en el mismo espacio, pero no pueden suministrar a sus miembros más de 480 g por persona de la droga por año. Todo excedente debe entregarse a las autoridades. John Hudak, *loc. cit.*

¹¹ La ley especifica que las farmacias actuarán como puntos de venta. A pesar de esto, el gobierno ha expresado interés en crear nuevos puntos de venta designados específicamente para este fin. John Hudak, *loc. cit.*

¹² Según datos del Instituto de Regulación y Control del Cannabis, 2018.

¹³ La ley eleva las prohibiciones penales en cuanto a la venta, distribución, posesión, producción, importación y exportación ilegales de cannabis y determina al gobierno canadiense como el único autorizado para facultar a personas la posesión, venta o distribución de cannabis en virtud de la ley provincial correspondiente y establece sanciones monetarias y administrativas al incurrir en faltas a la ley. Centro de Estudios Internacionales Gilberto Bosques Análisis e Investigación, *La despenalización del cannabis en Canadá: un nuevo paradigma en la política de drogas*, 2018, p. 10, en https://centrogilbertobosques.senado.gob.mx/docs/NC_Cannabis-Canada_050718.pdf.

¹⁴ UNODC, "Global Overview of Drug Demand and Supply. Latest trends, cross-cutting issues", *World Drug Report*, 2017, en https://www.unodc.org/wdr2018/prelaunch/WDR18_Booklet_2_GLOBAL.pdf.

¹⁵ "Estados Unidos: Estos son los 8 estados donde la marihuana es legal", *Gestión*, 3 de enero de 2018, en https://gestion.pe/tendencias/estados-unidos-son-8-estados-marihuana-legal-224066.

¹⁶ Drug Policy Alliance, "From Prohibition to Progress: A Status Report on Marijuana Legalization. What we Know about Marijuana Legalization in Eight States and Washington, D.C.", enero de 2018, en http://www.drugpolicy.org/legalization-status-report.

¹⁷ De acuerdo con datos de "Estados Unidos: Estos son los 8 estados donde la marihuana es legal", *Gestión*, 2018.

¹⁸ *Gestión, loc. cit.*

¹⁹ Desde la apertura del mercado, el Estado ha recaudado más de 20 millones de dólares en impuestos. *Gestión, loc. cit.*

²⁰ En 2017, se recaudaron 85 millones de dólares en impuestos que sirvieron para financiar escuelas, iniciativas de seguridad social, policía y gobernanza local. *Gestión, loc. cit.*

²¹ El mercado de la marihuana en California está valuado en 7 mil millones de dólares, convirtiéndolo en el mercado legal de marihuana más grande

del mundo. Infobae, "Todo lo que hay que saber sobre la legalización de la marihuana en California", 2017, en https://www.infobae.com/america/eeuu/2017/12/31/todo-lo-que-hay-que-saber-sobre-la-legalizacion-de-la-marihuana-en-california/.

[22] En inglés, Medicinal and Adult-Use Cannabis Regulation and Safety Act. La ley incluye información sobre dónde se puede consumir marihuana, qué cantidad puedes poseer y las sanciones por uso ilegal. California Department of Public Health, *Leyes sobre el uso de marihuana por adultos*, 2017.

[23] Guillermo Galindo, "Más recaudación fiscal y menos paro: las ventajas de legalizar la marihuana en California", *Los Replicantes*, 2 de enero de 2018, en https://www.losreplicantes.com/articulos/marihuana-legal-california-revelan-beneficios-para-las-arcas-publicas.

[24] Drug Policy Alliance, *loc. cit.*

[25] Gaby Ochsenbein, "Switzerland: A pioneer for humane drugs policy", Swissinfo.ch, 20 de abril de 2016, en https://www.swissinfo.ch/eng/four-pronged-approach_switzerland--a-pioneer-for-a-human-drugs-policy/42102778.

[26] Respecto a la producción, distribución, compra y uso de narcóticos, de acuerdo con el Consejo Federal, la legislación actual establece que los narcóticos y las sustancias psicotrópicas no pueden ser cultivadas, producidas, preparadas o vendidas sin la autorización oficial. Se requiere un permiso especial otorgado por la Oficina Federal de Salud Pública para la importación o exportación de narcóticos controlados. La legislación actual también contiene previsiones que aplican a cualquiera que cultive, produzca, extraiga, procese o prepare narcóticos de manera ilegal; al igual que cualquiera que guarde, envíe, transporte, importe, exporte, provea, distribuya, venda, compre o adquiera narcóticos sin autorización. Asimismo, considera a cualquiera que financie el tráfico ilícito de drogas, actúe como intermediario o aliente el consumo. Chantal Collin, "Switzerland's Drug Policy", Library of Parliament, 2002, en https://sencanada.ca/content/sen/committee/371/ille/library/collin1-e.htm.

5. Discusiones en proceso

[1] Vivian Wang, "Cuomo Moves to Legalize Recreational Marijuana in New York Within Months", *The New York Times*, 17 de diciembre de 2018, en

https://www.nytimes.com/2018/12/17/nyregion/marijuana-legaliza
tion-cuomo.html.

2 Quinnipiac University, "New York state voters split on plastic bag ban, Quinnipiac university poll finds; 7-1 support for red-flagging risky gun owners", 24 de enero de 2019, en https://poll.qu.edu/images/polling/ ny/ny01242019_ncdz55.pdf.

3 *Ibid.*

4 Es importante mencionar que Nueva Jersey es un estado donde los demócratas han controlado el Senado y la Asamblea desde 2004. Mike Davis, "NJ marijuana legalization: Will New York beat New Jersey to the legal weed finish line?", *USA Today*, 1 de enero de 2019, en https://www.app. com/story/news/local/new-jersey/marijuana/2019/01/01/new-jer sey-marijuana-legalization-ny-legal-weed-andrew-cuomo-phil-murphy/ 2413892002.

5 EFE, "El Senado de Nueva Jersey redacta proyecto de ley para legalizar el consumo recreativo de la mariguana", *SinEmbargo*, 26 de noviembre de 2018, en https://www.sinembargo.mx/26-11-2018/3503114.

6 Mike Davis, *loc. cit.*

7 Hasta el momento están pendientes ocho demandas para expandir las condiciones bajo las cuales la marihuana medicinal estaría permitida, entre las que se encuentra el dolor intratable. Sin embargo, esta decisión fue apelada por el exgobernador republicano Bruce Rauner, Robert McCoppin, "Illinois' new governor touts legal marijuana, but will he remove roadblocks to expand medical pot?", *Chicago Tribune*, 22 de enero de 2019, en https://www.chicagotribune.com/news/local/breaking/ct-met-illinois -medical-marijuana-lawsuits-pritzker-20190120-story.html.

8 De acuerdo con el Pew Research Center, en Illinois hay alrededor de 3.5 millones de católicos, que conforman 28% de la población del estado. Peter Hancock, "Illinois Catholic leaders: Legalizing recreational marijuana a bad idea", *Chicago Sun Times*, 4 de febrero de 2019, en https://chi cago.suntimes.com/news/illinois-catholic-bishops-oppose-legalizing- recreational-marijuana-letter-conference.

9 El Partido Laborista de Nueva Zelanda se describe como de centro-izquierda y socioliberal. Ha sido uno de los dos principales partidos políticos del país desde 1935. Actualmente gobierna el país en coalición con Nueva Zelanda Primero y el Partido Verde de Aotearoa, que se basa en el ambientalismo y la socialdemocracia.

[10] "Nueva Zelanda definirá en las urnas la legalización de la marihuana para fines recreativos", *Huffington Post*, 2018, en https://www.huffington post.com.mx/2018/12/19/nueva-zelanda-decidira-en-las-urnas-la-legali zacion-de-la-marihuana-para-fines-recreativos_a_23622942.

[11] La Asamblea Legislativa Nacional aprobó la medida por 166 votos a favor y cero en contra, con 13 abstenciones. AP, "Tailandia, primer país del Sudeste Asiático en legalizar la mariguana medicinal", *El Economista*, 25 de diciembre de 2018, en https://www.eleconomista.com.mx/internaciona les/Tailandia-primer-pais-del-Sudeste-Asiatico-en-legalizar-la-mariguana-medicinal-20181225-0013.html.

[12] Los legisladores votaron por 21-0 a favor del proyecto de ley, que aún necesita la aprobación de los ministros del gabinete y del primer ministro israelí Benjamín Netanyahu. Reuters y AFP, "Israel da luz verde a la exportación de marihuana medicinal", *El Tiempo*, 22 de diciembre de 2018, en https://www.eltiempo.com/mundo/medio-oriente/israel-aprueba-la-exportacion-de-marihuana-medicinal-308870.

6. México: la irrupción del Poder Judicial

[1] "Marihuana en México: qué implica el fallo de la Suprema Corte y qué dudas plantea su decisión", *BBC News Mundo*, 1 de noviembre de 2018, en https://www.bbc.com/mundo/noticias-america-latina-46057118.

[2] Arturo Ángel, "El uso recreativo de la marihuana tiene luz verde en México, decide la Corte", *Animal Político*, 4 de noviembre de 2015, en https://www.animalpolitico.com/2015/11/el-uso-recreativo-de-la-mariguana-tiene-luz-verde-en-mexico-decide-la-corte.

[3] El llamado "caso SMART" fue paradigmático por ser la primera vez que la SCJN resolvió la inconstitucionalidad del sistema de prohibiciones administrativas en relación con la siembra, cultivo, cosecha, preparación, acondicionamiento, posesión y transporte de cannabis, contenido de la Ley General de Salud. Con ello se previno a los poderes Ejecutivo y Legislativo sobre la necesidad de reformar la política de drogas en México. Octavio Arroyo, "Quinto amparo de la SCJN, Regulación por la Paz", México Unido Contra la Delincuencia, 30 de octubre de 2018, en https://www.mucd.org.mx/2018/10/quinto-amparo-de-la-scjn-regulacion-por-la-paz.

[4] Sociedad Mexicana de Autoconsumo Tolerante y Responsable, "Amparo

en revisión 547/2014", Suprema Corte de Justicia de la Nación, 2016, en http://www.estevez.org.mx/wp-content/uploads/2016/06/AR547_2014-USO-MEDICINAL-DE-LA-MARIHUANA.pdf.

⁵ Es relevante mencionar que el presidente reconoció que el pronunciamiento de los ministros abre un amplio debate sobre el uso lúdico de la marihuana. Arturo Ángel, *loc. cit.*

⁶ En un inicio, la solicitud fue negada, por lo que se promovió un amparo, argumentando que se violentaba el libre desarrollo de la personalidad, el cual también fue negado hasta que llegó a la scjn. "La Corte concede un segundo amparo a favor del uso recreativo de la marihuana en México", *Animal Político*, 11 de abril de 2018, en https://www.animalpolitico.com/2018/04/corte-amparo-uso-recreativo-mariguana.

⁷ Ulrich Richter, "Amparo en revisión 1115/2017", Suprema Corte de Justicia de la Nación, 2017, en https://www.scjn.gob.mx/sites/default/files/listas/documento_dos/2018-03/AR-1115-17-180316.pdf.

⁸ Armando Ríos Piter, "Amparo en revisión 623/2017", Suprema Corte de Justicia de la Nación, 2017, en https://www.scjn.gob.mx/sites/default/files/listas/documento_dos/2018-04/AR-623-2017-180430.pdf.

⁹ Diana Lastiri, "Concede scjn amparo de uso lúdico de marihuana a Ríos Piter", *El Universal*, 13 de junio de 2018, en https://www.eluniversal.com.mx/nacion/politica/concede-scjn-amparo-de-uso-ludico-de-marihuana-rios-piter.

¹⁰ Índigo Staff, "Sólo falta un amparo para que consumo lúdico de marihuana se vuelva jurisprudencia", *Reporte Índigo*, 4 de julio de 2018, en https://www.reporteindigo.com/reporte/solo-falta-un-amparo-para-que-consumo-ludico-de-marihuana-se-vuelva-jurisprudencia/.

¹¹ Zara Ashley Snapp Hartman, María Teresa Cecilia Autrique Escobar y Fernando Ramos Casas, "Amparo en revisión", Suprema Corte de Justicia de la Nación, 2018, en https://drive.google.com/file/d/1yvEECPMklNL7pajnxJQ2NbciHZgVzrTp/view.

¹² *Ibid.*

¹³ La Suprema Corte debe notificar al Congreso de la Unión sobre la existencia de dicha jurisprudencia y eventualmente emitir una declaratoria de inconstitucionalidad de la política prohibicionista. De esta manera, el Congreso de la Unión cuenta con 90 días para derogar los artículos declarados inconstitucionales y regular el uso personal de la planta del cannabis. Octavio Arroyo, *loc. cit.*

[14] La declaratoria de inconstitucionalidad de los artículos de la Ley General de Salud "no supone en ningún caso autorización para realizar actos de comercio, suministro o cualquier otro que se refiera a la enajenación y/o distribución de las substancias antes aludidas". Suprema Corte de Justicia de la Nación, "Amparo en Revisión 547/2018", en https://www.scjn.gob.mx/sites/default/files/listas/documento_dos/2018-10/AR-547-2018-181002.pdf y "Amparo en Revisión 548/2018", https://www.scjn.gob.mx/sites/default/files/listas/documento_dos/2018-10/AR-548-2018-181018.pdf.

[15] Los artículos de la Ley General de Salud invalidados son el 235, 237, 245, 247 y 248, los cuales prohíben "sembrar, cultivar, cosechar, preparar, poseer, transportar y adquirir" la semilla del cannabis para uso personal. "SCJN emite jurisprudencia para que se permita el cultivo y consumo de la marihuana con fines recreativos", *Animal Político*, 31 de octubre de 2018, en https://www.animalpolitico.com/2018/10/scjn-jurisprudencia-cultivo-y-consumo-mariguana-fines-recreativos.

[16] La Cofepris es una dependencia federal del gobierno mexicano vinculado con el Departamento de Regulación y Fomento Sanitario de la Secretaría de Salud. Cuenta con autonomía administrativa, técnica, operativa, de conformidad con las disposiciones del artículo 17 de la Ley General de Salud y el artículo 4 constitucional. Su misión es proteger a la población contra riesgos a la salud ocasionados por el uso y consumo de bienes y servicios, insumos para la salud, así como por su exposición a factores ambientales y laborales, la ocurrencia de emergencias sanitarias y la prestación de servicios de salud mediante la regulación, el control y la prevención de riesgos sanitarios. Gobierno Federal, "¿Qué hacemos?", *Cofepris*, en https://www.gob.mx/Cofepris/que-hacemos.

[17] Este derecho no podrá ejercerse frente a menores de edad ni en lugares públicos donde se encuentren terceros que no hayan brindado su autorización. "SCJN emite jurisprudencia…", *loc. cit.*

[18] Cualquier mexicano podrá solicitar un permiso a la Cofepris para cultivar y consumir marihuana con fines recreativos, y si la dependencia lo niega podrá recurrir a un amparo y cualquier juez debe resolver a su favor. *BBC News Mundo, loc. cit.*

[19] *BBC News Mundo, loc. cit.*

[20] Las tesis de jurisprudencia se publicaron luego de que desde octubre de 2018 se reunieron los juicios de amparo necesarios contra cinco artículos

de la Ley General de Salud que castigan penalmente el consumo. Ignacio Alzaga, "Desde el lunes, amparos por mariguana para todos", *Milenio*, 23 de febrero de 2019, en https://www.milenio.com/politica/desde-el-lunes-amparos-por-mariguana-para-todos.

7. La legislación del cannabis: debates y desafíos para México

[1] En esta lista también figuran países como Colombia y Afganistán, los cuales, al igual que el nuestro, se encuentran envueltos en guerras violentas cuyos mayores afectados son los civiles. Roberto Oseguera Acosta, "Marco Jurídico para la comercialización de la Marihuana", Gobierno Federal, en https://www.gob.mx/cms/uploads/attachment/file/85743/Roberto_Oseguera_Acosta.pdf.

[2] Roberto Oseguera Acosta, *loc. cit.*

[3] A excepción de casos leves de farmacodependientes o consumidores de ciertos estupefacientes y psicotrópicos, como el opio preparado para fumar, la cocaína, la heroína, la marihuana, el ácido lisérgico o LSD, la mezcalina o peyote y los hongos alucinógenos. Arturo Villarreal Palos, "Marco legal del control de drogas en México. Los caminos posibles a propósito de la legislación", *Derecho Global. Estudios sobre Derecho y Justicia*, año 1, núm. 3, abril-julio de 2016.

[4] *Ibid.*

[5] El consejo tiene como objetivo promover y apoyar las acciones de los sectores público, social y privado, tendientes a la prevención y combate de los problemas de salud pública causados por las adicciones que regula la Ley General de Salud, así como proponer y evaluar los programas a que se refieren los artículos 185, 188 y 191 de la misma ley. El consejo lo integran el secretario de Salud, el cual lo presidirá; los titulares de las dependencias y entidades de la administración pública federal, cuyas atribuciones tengan relación con el objeto del consejo y por representantes de organizaciones sociales y privadas relacionadas con la salud. El secretario de Salud tiene la facultad de invitar, cuando lo crea conveniente, a los titulares de los gobiernos de las entidades federativas, a asistir a las sesiones del consejo. Finalmente, la organización y el funcionamiento del consejo se regirán por las disposiciones que expida el Ejecutivo federal. Secretaría de Salud, "Ley General de Salud. Capítulo I: Consejo Nacional

contra las Adicciones", Gobierno Federal, en http://historico.juridicas.
unam.mx/publica/librev/rev/derhum/cont/32/pr/pr34.pdf.

6 Incluso si se posee, en el caso de la marihuana, más de 5 g, se puede obtener una pena de 10 meses a tres años de prisión.

7 Para los efectos de esta fracción, por *producir* se entiende manufacturar,
fabricar, elaborar, preparar o acondicionar algún narcótico, y *comerciar*
significa vender, comprar, adquirir o enajenar algún narcótico.

8 Si la introducción o extracción a que se refiere esta fracción no llegara a
consumarse, pero de los actos realizados se desprende claramente que
esa era la finalidad del agente, la pena aplicable será de hasta las dos terceras partes de la prevista en este artículo.

9 Ricardo Della Coletta, "Legalización de la marihuana, el debate que el
México oficial insiste ignorar", *El País*, 26 de enero de 2018, en https://
elpais.com/internacional/2018/01/26/mexico/1516926461_852129.
html.

10 La capital del país va en camino de convertirse en la primera entidad en
legalizar el consumo de la marihuana. De esta manera, la primera redacción de la Constitución de la Ciudad de México apuesta por abrir el camino para la marihuana con fines medicinales. David Marcial Pérez,
"Ciudad de México apuesta por la legalización de la marihuana medicinal", *El País*, 16 de septiembre de 2016, en https://elpais.com/interna-
cional/2016/09/16/actualidad/1474043274_656035.html.

11 Salazar era médico de formación, estudió psiquiatría y neurología en
Francia antes de regresar a México. *BBC Mundo*, "El año en el que México legalizó (brevemente) las drogas", *Animal Político*, 15 de abril de
2018, en https://www.animalpolitico.com/2018/04/ano-mexico-legali
zo-drogas.

12 Comisión de Derechos Humanos del Distrito Federal, "La regulación del
cannabis en México y la reducción de daños", *Defensor: Revista de Derechos
Humanos*, año XIV, núm. 2, febrero de 2016.

13 De acuerdo con la iniciativa presentada en el Senado, se regulará toda la
cadena de producción, desde siembra, cultivo, cosecha, producción, transformación, etiquetado, empaquetado, promoción, publicidad, patroci-
nio, transporte, hasta distribución, venta, comercialización, portación y
consumo de la marihuana. Olga Sánchez Cordero, "Iniciativa con proyecto de decreto por el que se expide la Ley General para la Regulación
y Control del Cannabis", Senado de la República, 2018.

¹⁴ Este instituto será un organismo público descentralizado de la Secretaría de Salud y tendrá entre sus objetivos: *1)* crear la regulación que garantice un enfoque sanitario; *2)* reducir riesgos y daños relacionados con el consumo de marihuana, y *3)* asegurar que esté sobre los intereses comerciales y otros creados por la industria de cannabis. Olga Sánchez Cordero, *loc. cit.*

¹⁵ Olga Sánchez Cordero, *loc. cit.*

¹⁶ Se propone excluir la participación de la iniciativa privada y del Estado a través de una empresa llamada Cannamex, que se convierta en la única compradora de la producción y en la única vendedora de los productos. Roberto Gil Zuarth, "Proyecto de decreto por el que se reforman y adicionan diversas disposiciones de la Ley General de Salud y del Código Penal Federal. Uso de la marihuana con fines medicinales", Cámara de Senadores, 2016.

¹⁷ Epilepsia, insomnio, vómitos, espasmos, dolor, glaucoma, asma, inapetencia y el síndrome de Tourette son sólo algunos de los padecimientos para los que el cannabis podría tener aplicación, según algunos estudios citados en la iniciativa de la senadora. Cristina Díaz Salazar, "Iniciativa con proyecto de decreto que reforma diversas disposiciones de la Ley de Impuestos Generales de Importación y Exportación, en materia de cannabis", Cámara de Senadores, 2015.

¹⁸ La ley mexicana —reformada durante el gobierno de Felipe Calderón— permite la posesión de pequeñas cantidades de droga, de las que se cree que son para consumo personal y no para venta. Por su parte, el código de salud permite la posesión de hasta 5 g de marihuana, 50 mg de cocaína y 40 mg de metanfetaminas, entre otros. Ejecutivo federal, "Iniciativa de Decreto por el que se reforman, adicionan y derogan diversas disposiciones de la Ley General de Salud y se reforma el párrafo tercero del artículo 195 del Código Penal Federal", Cámara de Senadores, 2016.

Bibliografía

Alzaga, Ignacio, "Desde el lunes, amparos por mariguana para todos", *Milenio*, 23 de febrero de 2019, en https://www.milenio.com/politica/desde-el-lunes-amparos-por-mariguana-para-todos.

Ángel, Arturo y Omar Sánchez de Tagle, "El uso recreativo de la marihuana tiene luz verde en México, decide la Corte", *Animal Político*, 4 de noviembre de 2015, en https://www.animalpolitico.com/2015/11/el-uso-recrea tivo-de-la-mariguana-tiene-luz-verde-en-mexico-decide-la-corte/.

Animal Político, "Estos son los estados donde hay más desempleo en México", 14 de noviembre de 2017, en https://www.animalpolitico.com/2017/11/estados-mexico-desempleo-inegi.

————, "La Corte concede un segundo amparo a favor del uso recreativo de la marihuana en México", 11 de abril de 2018, en https://www.animal politico.com/2018/04/corte-amparo-uso-recreativo-mariguana/.

————, "scjn emite jurisprudencia para que se permita el cultivo y consumo de la marihuana con fines recreativos", 31 de octubre de 2018, en https://www.animalpolitico.com/2018/10/scjn-jurisprudencia-cultivo-y-consumo-mariguana-fines-recreativos/.

AP, "Tailandia, primer país del Sudeste Asiático en legalizar la mariguana medicinal", *El Economista*, 25 de diciembre de 2018, en https://www.el economista.com.mx/internacionales/Tailandia-primer-pais-del-Sudes te-Asiatico-en-legalizar-la-mariguana-medicinal-20181225-0013.html.

Arroyo, Octavio, "Quinto amparo de la scjn, Regulación por la Paz", México Unido Contra la Delincuencia, 30 de octubre de 2018, en https://www.mucd.org.mx/2018/10/quinto-amparo-de-la-scjn-regulacion-por-la-paz.

Avins, Jenni y Dan Kopf, "Even farmers are shifting from tobacco to hemp and CBD", *Quartz*, 10 de diciembre de 2018, en https://qz.com/1483381/the-2018-farm-bill-could-make-hemp-the-next-tobacco.

BBC Mundo, "El año en el que México legalizó (brevemente) las drogas", Animal Político, 15 de abril de 2018, en https://www.animalpolitico.com/2018/04/ano-mexico-legalizo-drogas.

BBC News Mundo, "Marihuana en México: qué implica el fallo de la Suprema Corte y qué dudas plantea su decisión", 1 de noviembre de 2018, en https://www.bbc.com/mundo/noticias-america-latina-46057118.

Bureau of Legal Medicine and Legislation, "United States Assumes Control of Cannabis", *Journal of the American Medical Association*, septiembre de 1937.

California Department of Public Health, *Leyes sobre el uso de marihuana por adultos*, 2017.

Calzada, Rebeca, "Regímenes legales del cannabis alrededor del mundo", documento de trabajo, *Espolea* [en línea], en http://www.espolea.org/uploads/8/7/2/7/8727772/ddt-mapeandocannabis-mundo.pdf.

Camhaji, Elías, "El consumo de marihuana en México se duplica entre los menores de edad", *El País*, 4 de diciembre de 2017, en https://elpais.com/internacional/2017/12/04/mexico/1512410150_084756.html.

Centro de Estudios Internacionales Gilberto Bosques Análisis e Investigación, *La despenalización del cannabis en Canadá: un nuevo paradigma en la política de drogas*, 2018.

Cofepris, "Lineamientos en Materia de Control Sanitario de la Cannabis y Derivados de la misma", Secretaría de Salud, 2018, en http://sipot.cofepris.gob.mx/Archivos/juridico/sol/lineamientoscannabis.pdf.

Collin, Chantal, "Switzerland's Drug Policy", Library of Parliament, 2002, en https://sencanada.ca/content/sen/committee/371/ille/library/collin1-e.htm.

Comisión de Derechos Humanos del Distrito Federal, "La regulación del cannabis en México y la reducción de daños", *Defensor: Revista de Derechos Humanos*, año XVI, núm. 2, febrero de 2016.

Comisión Federal para la Protección contra Riesgos Sanitarios, "Cofepris atiende en el marco de sus atribuciones legales, las solicitudes para uso medicinal, personal y lúdico de la cannabis", Gobierno Federal, 2018, en https://www.gob.mx/cofepris/articulos/cofepris-atiende-en-el-marco-de-sus-atribuciones-legales-las-solicitudes-para-uso-medicinal-personal-y-ludico-de-la-cannabis-173520?idiom=es.

Coordinación de Comunicación Social, "Aprueba Senado uso medicinal de la marihuana", Senado de la República, 2016, en http://comunicacion.

senado.gob.mx/index.php/informacion/boletines/33322-aprueba-se-nado-uso-medicinal-de-la-marihuana.html.

Davis, Mike, "NJ marijuana legalization: Will New York beat New Jersey to the legal weed finish line?", *USA Today*, 1 de enero de 2019, en https://www.app.com/story/news/local/new-jersey/marijuana/2019/01/01/new-jersey-marijuana-legalization-ny-legal-weed-andrew-cuomo-phil-murphy/2413892002.

Delgado Cabañez, Diana, "¿Cómo tramitar el permiso para el uso lúdico de la marihuana?", *Chilango*, 5 de noviembre de 2018, en https://www.chilango.com/noticias/reportajes/tramite-permiso-marihuana-legal-en-mexico.

Della Coletta, Ricardo, "Legalización de la marihuana, el debate que el México oficial insiste ignorar", *El País*, 26 de enero de 2018, en https://elpais.com/internacional/2018/01/26/mexico/1516926461_852129.html.

Díaz Salazar, Cristina, "Iniciativa con proyecto de decreto que reforma diversas disposiciones de la Ley de Impuestos Generales de Importación y Exportación, en materia de cannabis", Cámara de Senadores, 2015.

Drug Policy Alliance, "Descriminalización de las drogas en Portugal: Un acercamiento enfocado a la salud", 2015, en https://www.drugpolicy.org/sites/default/files/DPA_Hoja_Informativa_La_descriminalizacion_de_drogas_en_Portugal_juniode2015_0.pdf.

_____, "From Prohibition to Progress: A Status Report on Marijuana Legalization. What we Know about Marijuana Legalization in Eight States and Washington, D.C.", enero de 2018.

EFE, "El Senado de Nueva Jersey redacta proyecto de ley para legalizar el consumo recreativo de la mariguana", *SinEmbargo*, 26 de noviembre de 2018, en https://www.sinembargo.mx/26-11-2018/3503114.

Ejecutivo federal, "Iniciativa de Decreto por el que se reforman, adicionan y derogan diversas disposiciones de la Ley General de Salud y se reforma el párrafo tercero del artículo 195 del Código Penal Federal", Cámara de Senadores, 2016.

El Economista, "¿Cuál es el valor estimado del negocio de la mariguana en México?", 22 de noviembre de 2018, en https://www.eleconomista.com.mx/arteseideas/Cual-es-el-valor-estimado-del-negocio-de-la-mariguana-en-Mexico-20181122-0064.html.

El País Internacional, "La situación legal del cannabis medicinal en el mundo", *El País*, 20 de octubre de 2017, en https://elpais.com/internacional/2017/10/20/actualidad/1508497009_788483.html.

European Monitoring Centre for Drugs and Drug Addiction, "Drug laws and drug law offences", *Netherlands. Country Drug Report 2018*, en http://www.emcdda.europa.eu/countries/drug-reports/2018/netherlands_en.

————, "Drug use", *Netherlands. Country Drug Report 2018*, en http://www.emcdda.europa.eu/countries/drug-reports/2018/netherlands_en.

————, "Drug-related emergencies", *Netherlands. Country Drug Report 2018*, en http://www.emcdda.europa.eu/countries/drug-reports/2018/netherlands_en.

————, "Treatment", *Netherlands. Country Drug Report 2018*, en http://www.emcdda.europa.eu/countries/drug-reports/2018/netherlands_en.

Fuente, Juan Ramón de la, "Uso recreativo del cannabis", *El Universal*, 25 de octubre de 2015, en https://www.eluniversal.com.mx/articulo/nacion/sociedad/2015/10/25/uso-recreativo-del-cannabis.

Galindo, Guillermo, "Más recaudación fiscal y menos paro: las ventajas de legalizar la marihuana en California", *Los Replicantes*, 2 de enero de 2018, en https://www.losreplicantes.com/articulos/marihuana-legal-california-revelan-beneficios-para-las-arcas-publicas.

Gestión, "Estados Unidos: Estos son los 8 estados donde la marihuana es legal", 3 de enero de 2018, en https://gestion.pe/tendencias/estados-unidos-son-8-estados-marihuana-legal-224066.

Gil Zuarth, Roberto, "Proyecto de decreto por el que se reforman y adicionan diversas disposiciones de la Ley General de Salud y del Código Penal Federal. Uso de la marihuana con fines medicinales", Cámara de Senadores, 2016.

Gobierno Federal, "¿Qué hacemos?", Cofepris, en https://www.gob.mx/cofepris/que-hacemos.

————, "Encuesta Nacional de Adicciones 2011. Drogas ilícitas", Secretaría de Salud, primera edición, 2011.

————, "Código Penal Federal", 2018, en http://www.ordenjuridico.gob.mx/Documentos/Federal/pdf/wo83048.pdf.

Grupo Parlamentario del Partido de la Revolución Democrática, "Iniciativa que reforma, adiciona y deroga diversas disposiciones de la Ley General de Salud y del Código Penal Federal, para despenalizar el consumo de cannabis", Cámara de Diputados., 2018.

Hancock, Peter, "Illinois Catholic leaders: Legalizing recreational marijuana a bad idea", *Chicago Sun Times*, 4 de febrero de 2019, en https://chicago.

suntimes.com/news/illinois-catholic-bishops-oppose-legalizing-recrea
tional-marijuana-letter-conference.

Honorable Cámara de Diputados, "Breve historia del cáñamo", Foro para la
regulación de la cannabis en México, 2009, pp. 54-55.

_____, "Usos médicos de la cannabis más frecuentes", Foro para la regu-
lación de la cannabis en México, 2009, p. 85.

Hudak, John, Geoff Ramsey y John Walsh, *Ley de cannabis uruguaya: pionera
de un nuevo paradigma*, WOLA, junio de 2018, en https://www.brookings.
edu/wp-content/uploads/2018/03/GS_06142018_Cannabis-Uruguay_
Spanish.pdf.

Huffington Post, "Nueva Zelanda definirá en las urnas la legalización de la marihuana para fines recreativos", 2018, en https://www.huffingtonpost.
com.mx/2018/12/19/nueva-zelanda-decidira-en-las-urnas-la-legaliza
cion-de-la-marihuana-para-fines-recreativos_a_23622942.

Índigo Staff, "Sólo falta un amparo para que consumo lúdico de marihuana
se vuelva jurisprudencia", *Reporte Índigo*, 4 de julio de 2018, en https://
www.reporteindigo.com/reporte/solo-falta-un-amparo-para-que-consu
mo-ludico-de-marihuana-se-vuelva-jurisprudencia.

Infoabe, "Todo lo que hay que saber sobre la legalización de la marihuana en
California", 2017, en https://www.infobae.com/america/eeuu/2017/
12/31/todo-lo-que-hay-que-saber-sobre-la-legalizacion-de-la-marihuana-
en-california.

Instituto Nacional de Neurología y Neurocirugía, "Argumentos para el debate sobre la legalización de la marihuana en México", 2013.

Lastiri, Diana, "Concede SCJN amparo de uso lúdico de marihuana a Ríos
Piter", *El Universal*, 13 de junio de 2018, en https://www.eluniversal.com.
mx/nacion/politica/concede-scjn-amparo-de-uso-ludico-de-marihuana-
rios-piter.

Marcial Pérez, David, "Ciudad de México apuesta por la legalización de la
marihuana medicinal", *El País*, 16 de septiembre de 2016, en https://el
pais.com/internacional/2016/09/16/actualidad/1474043274_656035.
html.

Maubert Roura, Ilse, "Así será el negocio del cannabis legal en México",
Entrepreneur, 19 de marzo de 2019, en https://www.entrepreneur.com/
article/329489.

McCoppin, Robert, "Illinois' new governor touts legal marijuana, but will he
remove roadblocks to expand medical pot?", *Chicago Tribune*, 22 de enero

de 2019, en https://www.chicagotribune.com/news/local/breaking/ct-met-illinois-medical-marijuana-lawsuits-pritzker-20190120-story.html.

Mena Ramos, Francisco, "El futuro de los trabajadores de la marihuana", *Animal Político*, 29 de junio de 2019, en https://www.animalpolitico.com/el-dispensario-dialogo-sobre-drogas/el-futuro-de-los-trabajadores-de-la-mariguana-en-mexico.

Ministerio Holandés de Asuntos Exteriores, *La política holandesa sobre drogas*, 2017.

Molina, Miguel, "Cuatro temas sobre el mercado de marihuana en México y en el mundo", *Gobierno Federal*, marzo 2016, en https://www.gob.mx/cms/uploads/attachment/file/85735/MIGUEL_MOLINA_M3.pdf.

National Institute on Drug Abuse, "La marihuana como medicina", abril de 2017, en https://www.drugabuse.gov/es/publicaciones/drugfacts/la-marihuana-como-medicina.

Ochsenbein, Gaby, "Switzerland: A pioneer for humane drugs policy", *Swissinfo.ch*, 20 de abril de 2016, en https://www.swissinfo.ch/eng/four-pronged-approach_switzerland–a-pioneer-for-a-human-drugs-policy/42102778.

OEA, "Comisión Interamericana para el Control del Abuso de Drogas (CICAD)", 18 de enero de 2017, en http://www.cicad.oas.org/Main/Template.asp?File=/main/aboutcicad/about_spa.asp.

————, "Contexto internacional: Tratados e Instituciones", 29 de marzo de 2012, en http://www.cicad.oas.org/Main/Template.asp?File=/main/aboutcicad/treaties/framework_spa.asp.

————, "El problema de drogas en las Américas: Estudios", 2013, en http://www.cicad.oas.org/drogas/elinforme/informedrogas2013/drugpublichealth_esp.pdf.

Oficina de Información Científica y Tecnológica para el Congreso de la Unión y Foro Consultivo, Científico y Tecnológico, A. C., "El uso medicinal de la marihuana", *INCyTU Exprés*, núm. 005, septiembre de 2017.

Olvera Hernández, Nidia, "Estigma y prohibición: breve historia de la mariguana en México, *Vice*, 2 de mayo de 2016, en https://www.vice.com/es_latam/article/3b97n8/estigma-y-prohibicion-breve-historia-de-la-mariguana-en-mexico.

Oseguera Acosta, Roberto, "Marco Jurídico para la comercialización de la Marihuana", *Gobierno Federal*, en https://www.gob.mx/cms/uploads/attachment/file/85743/Roberto_Oseguera_Acosta.pdf.

Quinnipiac University, "New York state voters split on plastic bag ban, Quinnipiac university poll finds; 7-1 support for red-flagging risky gun owners", 24 de enero de 2019, en https://poll.qu.edu/images/polling/ny/ny012 42019_ncdz55.pdf.

Ranson, Jesse J., "Industrial Use", en *"Anslingerian" Politics: The History of Anti-Marijuana Sentiment in Federal Law and Haw Harry Anslinger's Anti-Marijuana Politics Continue to Prevent the FDA and Other Medical Experts from Studying Marijuana's Medical Utility*, abril de 1999.

Redacción Animal Político, "Estos son los estados donde hay más desempleo en México", Animal Político, 14 de noviembre de 2017, en https://www.animalpolitico.com/2017/11/estados-mexico-desempleo-inegi.

Reuters y AFP, "Israel da luz verde a la exportación de marihuana medicinal", *El Tiempo*, 22 de diciembre de 2018, en https://www.eltiempo.com/mundo/medio-oriente/israel-aprueba-la-exportacion-de-marihuana-medicinal-308870.

Richter, Ulrich, "Amparo en revisión 1115/2017", Suprema Corte de Justicia de la Nación, 2017, en https://www.scjn.gob.mx/sites/default/files/listas/documento_dos/2018-03/AR-1115-17-180316.pdf.

Ríos Piter, Armando, "Amparo en revisión 623/2017", Suprema Corte de Justicia de la Nación, 2017, en https://www.scjn.gob.mx/sites/default/files/listas/documento_dos/2018—04/AR-623-2017-180430.pdf.

_____, "Voto particular del Sen. Armando Ríos Piter, que modifica el con proyecto de decreto por el que se reforma, adicionan y derogan diversas disposiciones de la Ley General de Salud y del Código Penal Federal, en relación al uso medicinal y lúdico de la cannabis", 2016, Senado de la República, p. 2.

Ríos, Viridiana, "Evaluating the economic impact of drug traffic in Mexico", Harvard University.

Robles Soto, Nadia, "Consideraciones sobre la regulación de la Mariguana", *Secretaría de Salud*, 2019.

Sánchez Cordero Dávila, Olga María del Carmen, "Iniciativa con proyecto de decreto por el que se expide la Ley General para la Regulación y Control del Cannabis", Senado de la República, 2018.

Secretaría de Salud, "Consumo de drogas: Prevalencias globales, tendencias y variaciones estatales, *Encuesta Nacional de Consumo de Drogas, Alcohol y Tabaco 2016-2017*, en https://www.gob.mx/cms/uploads/attachment/file/234856/CONSUMO_DE_DROGAS.pdf.

_____, "Ley General de Salud. Capítulo I: Consejo Nacional contra las

Adicciones", Gobierno Federal, en http://historico.juridicas.unam.mx/publica/librev/rev/derhum/cont/32/pr/pr34.pdf.

Snapp, Hartman, Zara Ashley, María Teresa Cecilia Autrique Escobar y Fernando Ramos Casas, "Amparo en revisión", Suprema Corte de Justicia de la Nación, 2018, en https://drive.google.com/file/d/1yvEECPMklNL7pajnxJQ2NbciHZgVzrTp/view.

Sociedad Mexicana de Autoconsumo Tolerante y Responsable, "Amparo en revisión 547/2014", Suprema Corte de Justicia de la Nación, 2016, en http://www.estevez.org.mx/wp-content/uploads/2016/06/AR547_2014-USO-MEDICINAL-DE-LA-MARIHUANA.pdf.

Suprema Corte de Justicia de la Nación, "Amparo en Revisión 547/2018" y "Amparo en Revisión 548/2018", en https://www.scjn.gob.mx/sites/default/files/listas/documento_dos/2018-10/AR-547-2018-181002.pdf y https://www.scjn.gob.mx/sites/default/files/listas/documento_dos/2018-10/AR-548-2018-181018.pdf.

UNODC, "Global Overview of Drug Demand and Supply", *World Drug Report*, 2017.

Vice México, "Premios y kilos de mota: fui a un taller clandestino de cultivo en Jalisco", *Vice*, 13 de agosto de 2018, en https://www.vice.com/es_latam/article/7xqmxb/premios-y-kilos-de-mota-fui-a-un-taller-clandestino-de-cultivo-en-jalisco.

Villarreal Palos, Arturo, "Marco legal del control de drogas en México. Los caminos posibles a propósito de la legalización", *Derecho Global. Estudios sobre Derecho y Justicia*, año 1, núm. 3, abril-julio de 2016.

Villegas, Marco Antonio, "Empresa productora de cannabis propone cultivar marihuana para uso medicinal", *El Sol de México*, 17 de mayo de 2018, en https://www.elsoldemexico.com.mx/republica/sociedad/empresa-productora-de-cannabis-propone-cultivar-mariguana-para-uso-medicinal-1692309.html.

Wang, Vivian, "Cuomo Moves to Legalize Recreational Marijuana in New York Within Months", *The New York Times*, 17 de diciembre de 2018, en https://www.nytimes.com/2018/12/17/nyregion/marijuana-legalization-cuomo.html.

Wijnkoop, Lisette y Arno Hazekamp, "Hacia una mejor calidad de los productos cannabinoides", Fundación Canna, en https://www.fundacion-canna.es/hacia-una-mejor-calidad-de-los-productos-cannabinoides.

Yervagüena, "Ventajas del cannabis para la industria textil", en https://www.yervaguena.com/secciones/ventajas-del-cannabis-para-la-industria-textil.

ÍNDICE Y FUENTES DE GRÁFICAS, TABLAS Y MAPAS

Gráficas

9. Egresos hospitalarios debido a cannabinoides (2017), p 40. Fuente: elaboración propia con datos de Nadia Robles Soto, "Consideraciones sobre la regulación de la mariguana", Secretaría de Salud, 2019.

10. Superficie erradicada de marihuana en México, p. 42. Fuente: elaboración propia con datos de Carlos Resa Nestares, "Hectáreas de cultivos ilegales erradicadas", *El mapa del cultivo de drogas en México*, s.p.i., 2016.

11. Cultivos ilícitos de marihuana erradicados a nivel municipal, 2007-2015, p. 46. Fuente: elaboración propia con datos de Carlos Resa Nestares, "Hectáreas de cultivos ilegales erradicadas", *El mapa del cultivo de drogas en México*, s.p.i., 2016.

12. Valor total de las ventas al por menor de drogas ilícitas (miles de millones de dólares), p. 47. Fuente: Organización de los Estados Americanos, 2013.

13. Mercados de venta minorista de drogas, p. 48. Fuente: Organización de los Estados Americanos, 2013.

14. Ingresos por venta de drogas en México, 2008, p. 50. Fuente: elaboración propia con dados de la Administración para el Control de Drogas, Estados Unidos (dea), y la Procuraduría General de la República, México (pgr).

15. Solicitudes para uso lúdico y personal de la marihuana, p. 66. Fuente: Comisión Federal para la Protección contra Riesgos Sanitarios (Cofepris), 2018.

16. Usuarios de cannabis que ingresaron a tratamiento en Holanda, p. 99. Fuente: elaboración propia con datos del European Monitoring Centre for Drugs and Drug Addiction, *Netherlands. Country Drug Report 2018.*

17. Usuarios holandeses que ingresan a tratamiento especializado por sexo, p. 100. Fuente: elaboración propia con datos del European Monitoring Centre for Drugs and Drug Addiction, *Netherlands. Country Drug Report 2018.*

18. Diagnósticos de vih atribuidos a la inyección de drogas en Holanda, p. 101. Fuente: elaboración propia con datos del European Monitoring Centre for Drugs and Drug Addiction, *Netherlands. Country Drug Report 2018.*

29. Ingresos por marihuana en Colorado (millones de dólares), p. 123. Fuente: elaboración propia con datos de Drug Policy Alliance, "From Prohibition to Progress: A Status Report on Marijuana Legalization", 2018.

30. Muertes relacionadas con las drogas en Suiza, 1993-2013, p. 126. Fuente: elaboración propia con datos del Federal Department of Home Affairs, Suiza.

31. ¿Usted apoya o se opone a permitir que los adultos en el estado de Nueva York posean legalmente cantidades pequeñas de marihuana para uso personal?, p. 128. Fuente: elaboración propia con datos de Quinnipiac University, 2019.

Tablas

1. Usos del cannabis, pp. 18-19. Fuente: elaboración propia con información de "Argumentos para el debate sobre la legalización de la marihuana en México", Instituto Nacional de Neurología y Neurocirugía, 2013.

2. Uso industrial del cáñamo, pp. 26-28. Fuente: "Foro para la regulación de la cannabis en México", México, Cámara de Diputados, LX Legislatura, 2009.

3. Variedades de cannabis, p. 31. Fuente: elaboración propia con datos de Óscar Castillero Mimenza, "Los 4 tipos de marihuana: el cannabis y sus características", *Psicología y Mente*, s.f.

4. Estimación del uso de mano de obra para la producción anual de marihuana de grado comercial en México, p. 33. Fuente: elaboración propia con datos del gobierno federal.

5. Superficie erradicada de cultivos ilícitos de marihuana por estado (2007-2015), pp. 43-45. Fuente: elaboración propia con datos de Carlos Resa Nestares, "Hectáreas de cultivos ilegales erradicadas", *El mapa del cultivo de drogas en México*, s.p.i., 2019.

6. Usos médicos más frecuentes del cannabis, pp. 58-60. Fuente: "Foro para la regulación de la cannabis en México", México, Cámara de Diputados, LX Legislatura, 2009.

7. Medicamentos derivados del cannabis, p. 61. Fuente: elaboración propia con información de National Institute for Drug Abuse, "La marihuana como medicina", 2017.

8. Voto de Armando Ríos Piter, pp. 72-75. Fuente: elaboración propia con información del "Voto particular del senador Armando Ríos Piter, que modifica el proyecto de decreto por el que se reforman, adicionan y derogan diversas disposiciones de la Ley General de Salud y del Código Penal Federal, en relación al uso medicinal y lúdico de la cannabis", 2016.

9. Situación legal del cannabis a escala mundial, pp. 82-90. Fuente: elaboración propia con información de diversas fuentes.

10. Sanciones penales en Canadá, p. 109. Fuente: elaboración propia con datos del Departamento de Justicia del Gobierno de Canadá, 2018.

11. Características de la ley en Colorado, pp. 120-121. Fuente: elaboración propia con información de "Leyes sobre el consumo de marihuana", Colorado Official State Web Portal, 2018.

12. Ingresos fiscales estimados por la legalización de marihuana recreativa en Illinois, para 2020, p. 131. Fuente: elaboración propia con datos del Illinois Economic Policy Institute y la Universidad de Illinois, 2019.

13. Los amparos resueltos por la Primera Sala, p. 146. Fuente: elaboración propia con información de la Suprema Corte de Justicia de la Nación (SCJN), 2018.

14. Convenios internacionales firmados por México, pp. 151-152. Fuente: elaboración propia con información de Arturo Villarreal Palos, "Marco legal del control de drogas en México. Los caminos posibles a propósito de la legislación", *Derecho Global. Estudios sobre Derecho y Justicia*, año 1, núm. 3, abril-julio, 2016.

15. Dosis máximas de consumo personal e inmediato, p. 154. Fuente: elaboración propia con información de la Ley General de Salud, México.

16. Análisis de la iniciativa de Olga Sánchez Cordero, pp. 162-164. Fuente: elaboración propia con información de Olga Sánchez Cordero, "Iniciativa con proyecto de decreto por el que se expide la Ley General para la Regulación y Control de Cannabis", Senado de la República, México, 2018.

17. Resumen de cinco iniciativas, pp. 168-172. Fuente: elaboración propia con fuentes varias.

Mapas

1. Zonas productoras de cannabis en México, p. 32. Fuente: elaboración propia con datos del gobierno federal mexicano.

2. Legislación del cannabis en el mundo, p. 91. Fuente: elaboración propia con datos de *El País*, 2017.

3. Legislación sobre el cannabis en Estados Unidos, p. 113. Fuente: elaboración propia con datos de *El País*, 2017.

Esta obra se imprimió y encuadernó
en el mes de mayo de 2019,
en los talleres de Impregráfica Digital, S.A. de C.V.,
Av. Coyoacán 100–D, Col. Del Valle Norte,
C.P. 03103, Benito Juárez, Ciudad de México.